進可攻，退可守：

不廢話，助你成功

嚴建興　編著

人有好口才不是壞事，
但運用不當則會壞事！

只有透過語言表達，才能讓你的才華展現出來。
千萬不要放棄口才，不要以為是金子始終會發光，
有時候即使玻璃的光芒勝得過水晶，
你也要告訴別人你是水晶不是玻璃，他們才會注意你的價值。

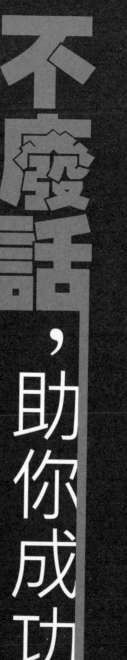

贏家 28

進可攻，退可守：不廢話，助你成功

編　　著　嚴建興
出 版 者　大拓文化事業有限公司
執行編輯　林秀如
封面設計　林鈺恆
內文排版　姚恩涵

總 經 銷　永續圖書有限公司
劃撥帳號　18669219
地　　址　22103 新北市汐止區大同路三段一九十四號九樓之一
TEL （〇二）八六四七—三六六三
FAX （〇二）八六四七—三六六〇
E-mail　yungjiuh@ms45.hinet.net
網　　址　www.foreverbooks.com.tw

CVS代理　美璟文化有限公司
TEL （〇二）二七二三—九九六八
FAX （〇二）二七二三—九六六八

法律顧問　方圓法律事務所　涂成樞律師

出 版 日◇二〇一八年十月

國家圖書館出版品預行編目資料

進可攻，退可守：不廢話，助你成功 / 嚴建興編著.
-- 初版. -- 新北市：大拓文化, 民107.10
面；　公分. --（贏家；28）
ISBN 978-986-411-080-3(平裝)
1.說話藝術 2.口才
192.32　　　107013683

前言

交談是生活中不可缺少的部分，若想順利地與人交談，就要掌握說話這門藝術。很多人沒有意識到口才的重要性，「誰不會說話啊？」、「說個話有什麼難的？」等等想法使他們不重視說話能力的培養。但時至今日，能說會道的人大行其道，暢行職場，生活中也是如魚得水，讓人羨慕。

見什麼人說什麼話，專挑別人愛聽的說。有人會說，這不是拍馬屁嗎？沒錯，只是將恭維話說到點子上，不讓別人聽出虛偽的成分，這就是說話的藝術。現代社會不會說話的人四處碰壁，很難取得更好的發展。一張巧嘴得天下，一張笨嘴惹人厭。沒有別人不想聽的，關鍵在於怎麼說；只有自己不會說的，這就要求你平時多練習，提高口才能力。

口才是練出來的，沒有誰天生能說會道。正因如此，你不必抱怨命運不濟，而應該立刻練習說話這門功課，力爭成為一個能說會道的人。擁有一副好口才，你的人生也會因此而不同，你能得到更好的工作、更好的生活、更好的未來。記住：沒有別人不想聽的，只有自己不會說的。開始練習吧，讓你的口才成為一生的驕傲。

目錄

第一章 說出好人緣

第二章 掌握分寸，說話禁忌全知道

目錄

第三章 會說話，助你成功

第四章 善用讚美與幽默的說話術

目錄

第五章 縱橫職場的成功溝通法

第一章

說出好人緣

01 投其所好，打開交談的第一步

每個人都喜歡談論自己感興趣和熟悉的話題。投其所好就是與人交談的萬能鑰匙。與志趣相投的人談話會感到其樂無窮，因此，碰到陌生人不妨就從談論對方的志趣和愛好開始，這樣不僅會引起對方極大的興趣，避免吃個閉門羹；更容易拉近彼此的距離，讓對方將你劃入他的朋友範圍內，至少不是陌生人的範圍內；然後再進一步展開深入的交流，則易如反掌。

但是投其所好可不是要人信口開河、瞎說胡扯，要是自己沒有點內涵，或者根本不瞭解就胡編亂造，拍馬屁拍到了馬腿上，不僅達不到效果，反而還會引起別人的反感。

如果你根本就不瞭解別人某項愛好，譬如網球、高爾夫等，還假裝對此十分感興趣，那談話之中就難免露出馬腳，不僅會聊得不開心，還會讓對方懷疑你故意造假，人品有問題，那談話自然不歡而散，哪還能辦成事情呢？所以，投其所好不是胡吹亂造，先要自己有水平才行，這樣才能讓人有一見如故、相見恨晚的效果，那自然就傾心交往啦！

投其所好的要領，其實就是找到你和對方的共同語言。一般人都會喜歡與有「共同語言」的人交流，找到對方的愛好、興趣、所長，也就找到了交流的突破口，使以下的交談熱烈地進行下去。如果你事先知道對方討厭什麼、反感什麼，就要避開那些令他敏感的話題和行為。

工作中、生活中，我們經常會接觸到一些大人物，或者一些身分特殊的人。最簡單的，我們總是要跟自己的上司接觸吧！只要你有求於人，就得在打交道的過程中先做好準備工作，瞭解對方的喜好，最起碼得搞清楚人家忌諱什麼、討厭什麼，如果冒失地闖過去，一句話不對頭，惹得人家發了火，不僅你的事情辦不成，還弄得別人也一天不高興，這豈不是損失太大？

如果你能投其所好，找到彼此的共同點，並以此切入，不僅容易建立良好的氣氛，使得交流更加順暢，還能讓別人感覺遇到這樣一個有見識的人真好，也會開開心心地辦事情。這樣的交流效果，只不過需要花點時間多觀察、多瞭解一下，何樂而不為呢？

我們也不總是跟地位高於自己的人交往，許多情況下我們接觸的都是和自己一樣的普通人。跟他們接觸那就更容易了，只要你找到他們願意聽的話題，自然就會很快混熟。比如，孕婦最關心營養和胎教問題，父母最關心孩子的教育和前途問題，年輕人最關心未來發展和休閒娛樂等等，見什麼人，說什麼話，就是歡暢交流的萬能鑰匙。

其實說到底，「見什麼人，說什麼話」，就是讓你站在對方的角度上想想，別讓話題總圍著你一個人的成功轉，想一想別人最關心什麼，最希望聽到什麼樣的建議，然後由此展開話題，還愁交往不順利嗎？

當然，這裡說投其所好，可不是讓你沒原則地諂媚、討好，那樣不僅容易惹人厭煩，還會損失你自己的人格。地位、身分、財富可能有差異，但是交往都是平等的。投其所好是出於尊重對方的原則，也必須維護住「尊重自己」的底線，這樣才能掌握好限度，讓交往輕鬆而又愉快。

02 尋找共同點是深入交談的開始

想想平時的自己，如果遇到和自己一樣喜歡某類運動、喜歡某個歌手的人，你會不會立刻對他產生興趣？是的，我們通常對與自己相像的人產生親近感，也能很快找到共同話題。我們常說「道不同不相為謀」、「志同道合」，意思就是說要和與自己有著相同想法的人交朋友。所以，碰到陌生人，不妨仔細觀察和發現自己和對方的共同點，從雙方都熟悉的人或事入手，順其自然地把自己的身分、愛好、性格告訴對方。

尋找共同點可以幫助陌生人之間很快找到聯繫，變得不再陌生，進而讓氣氛變得融洽，不僅可以消除初次見面的尷尬與冷場，還可以讓陌生人迅速成為朋友。因共同的愛好、興趣、品味等產生相見恨晚、獲得知己的感覺，這樣不僅可以順利完成工作，還會因此而多了一個生活中的朋友。下面有一個故事正說明這一點。

德國實業家哈根想向銀行貸一筆款開發公寓，他去拜訪銀行經理肖夫曼。

哈根說：「肖夫曼經理，您好啊！今天溫布頓網球停賽，我就想，在辦公室準能找到您。」

肖夫曼一聽，馬上來了興趣，他說：「哈哈，對，網球停賽了。哈根先生也有興趣？」

哈根說：「好漢不提當年勇。年輕時我還參加過溫布頓網球錦標賽呢，只可惜第一個回合就被淘汰了。」

肖夫曼：「原來如此，你當年還是的溫網英雄啊……」

接著兩人自然扯到許多網球明星，也越談越投機，大有相見恨晚之感。聊到投機之處，順便提了一下貸款的事，對方心情愉快，自然很樂意地聽完了哈根的計劃。最後哈根終於如願以償，順利地和銀行達成了利率優惠的貸款協議。如果一見面哈根就大談生意，讓人家聽著就頭大，肯定不會這麼快就搞定銀行貸款。

不少推銷員、客戶經理都是拉家常、攀關係的高手，就是因為他們抓住了對方愛聽熟悉的話題這一心理，找到了彼此的共同點，順著別人說，才在短時間內由陌生混到熟悉，提高了交往的效率。而且，他們還有可能因為共同的愛好，從簡單的工作關係轉而成為生活中的摯友呢！

找到共同點還可以讓別人對你消除戒心，由一些共同經歷，譬如校友、同鄉等，使得原本彼此陌生的人之間產生微妙的聯繫，讓別人不再讓你「吃閉門羹」，

人對和自己相近的人，總是有天然的親近感，所以，和陌生人交往，我們都應該先想一想有沒有與之相似的經歷，哪怕只是在同一個地方待過，也會不由自主地引發彼此的情感，使交往變得容易而親切。

一個退伍軍人在一輛汽車上與一個陌生人相遇，兩人的座位正好在駕駛員的後面。汽車上路後不久就拋錨了，駕駛員忙了半天還沒有修好。這時候，這位陌生人建議駕駛員把油路再檢查一遍，駕駛員半信半疑地去檢查了一遍，果然找到了原因。

退伍軍人看了，覺得這位陌生人的絕活很可能是從部隊學來的，於是試探性地問：「你在部隊待過吧？」

陌生人回答：「對，待過六、七年。你怎麼知道？」

退伍軍人一笑：「看你的體格和你做事的方式，覺得像。我也是個退伍軍人。」

陌生人問：「是嗎？那你當兵時的部隊在哪裡？」

就這樣，這對陌生人開始你一言我一語地攀談起來，接下來的幾個小時路程也

變得有趣、熱鬧了。

尋找共同點，就是要靠仔細的觀察，如果你不留心，怎麼會知道茫茫人海之中誰與你有著共同之處呢？就像那個退伍軍人一樣，留心觀察一舉一動，才能發現共同點。

人與人之間總是存在千絲萬縷的聯繫，放大自己的眼光，就能找到共同點。找到相似之處後，再難的事情做起來也會變得簡單了。人與人之間，如果能主動尋找共同點，使自己和別人的某一處形成一致，就能夠增進友誼，結成朋友。別人的觀點、行動、興趣、愛好，等等，都可以成為你取得友誼的支撐點，也是兩人成為要好朋友的原因。能找到共同點，交往就已經成功了一半！

03 善於做個傾聽者

瞭解別人最好的方式就是傾聽，增進友誼的有效方法也是傾聽。生活中有的人口才好，他們彷彿不知疲倦，總是口若懸河、滔滔不絕。這樣的人固然有其好交往、易溝通的優點，可是在交往中搶盡風頭，總是不給別人插嘴的機會，像是在唱獨角戲，不僅很失禮，也容易招致別人的反感。

卡內基說：「上帝給了我們兩隻耳朵卻只給我們一張嘴，就是告訴我們聽的要比說的多。」因此，學會傾聽是加強交往能力的一門必修課，那些真正會交往、擁有許多真心朋友的人，往往是因為他們願意並且善於做一個傾聽者。

懂得傾聽，給別人說話的機會，你才能瞭解他們的所想、所思，才能增進彼此的瞭解。如果不願意聽別人的話，往往冒失地惹怒別人，或者讓自己處於尷尬的地位。

巴頓將軍為了顯示他對部下生活的關心，做了一次參觀士兵食堂的突然襲擊。在食堂裡，他看見兩個士兵站在一個大湯鍋前。

「讓我嘗嘗這湯！」巴頓將軍向士兵命令道。

「可是，將軍……」士兵正準備解釋。

「沒什麼『可是』，給我勺子！」巴頓將軍拿過勺子喝了一大口，怒斥道，「太不像話了，怎麼能給戰士喝這個？這簡直就是刷鍋水！」

「我正想告訴您，這就是刷鍋水。」士兵答道。

巴頓將軍沒有聽人家說話就居高臨下地下了命令，不容分辯，結果喝了一勺刷鍋水。不懂得傾聽或者沒耐心聽別人說話的人可要引以為戒，千萬別犯這種「啞巴吃黃連，有苦說不出」的錯誤。

懂得如何傾聽的人最有可能做對事情、取悅上司、贏得友誼，並且把握別人錯過的機會。美國石油大亨洛克菲勒有一次說：「我們的政策一直都是：耐心地傾聽和開誠佈公地討論，直到最後一點證據都攤在桌上才嘗試達成結論。」洛克菲勒以謹慎著稱，懂得傾聽，他喜歡這樣的座右銘：「讓別人說吧。」

讓別人說，並不是因為你插不上嘴，不是你多麼弱，而是因為在某些情況下，人們需要的往往不是一個見解精闢的策略師，而只是需要一個能聽自己倒一倒苦水的人。「找一個能說話的人」往往並不是真正找一個會說好話、有一張巧嘴的人，而是「找一個會聽話的人」。試想，生活中誰能不遇到煩心事？誰能一帆風順？在焦慮的時候，在想不開的時候，人們都需要這樣一個會聽話的人，聽聽自己的故事，幫自己解開心結。

其實，很多時候人們表達並不是要你接受他們的觀點和感情，也並不一定非要得到實質上的回報或補償，而只是為了宣洩情緒。如果你給他們表達的機會，他們的情緒就會得到緩解，自尊會得到滿足，感覺到自己真的受到了尊重和重視，至於實質結果怎麼樣，也許都不再那麼重要了。所以，傾聽是一種心理上的體貼，是一種真誠的表現，會很容易打動別人的心，增加雙方的親近感。

假如你想受到大家的歡迎，千萬不要談自己，而要讓對方談他的興趣、他的愛好、他的事業、他的成功等等，讓對方嘗到表達的快感和被理解的溫暖。一個真正會交流的人，往往不是因為他能說，而是因為他善於聽。聽對方的話，你才能發掘他的優點並加以讚美，發現他的痛苦之處並給予安慰，發現他與你的共同之處並以此為切入點發展更深的友誼。

總之，大量的有用信息都是包含在語言之中的，只有聽清楚別人說什麼，你才能更深入地瞭解對方，並進一步展開有意義的話題，讓溝通變得有趣、有效，耐人回味。

04 引人入勝的說話技巧

很多人都有這樣的煩惱：我的口語表達能力不差，說話也很順暢，可是不知怎麼回事，好像總是吸引不了別人。在人群當中，沒有多少人對我說的話感興趣……這是由於語言不夠生動，過於平淡。說話，不論是跟誰，如果要生動活潑，有以下幾點可以遵循。

1、口語化

如果一個人說話總是像寫文章一樣，文縐縐，長篇大論，即使技巧再高超，也讓人覺得缺乏真實情感，乾巴巴。而口語即使不那麼完美，語法也不一定很規範，但是親切、自然、有感染力。

我們來看看一組對比：

• 躁動不安……心裡好像長了草一樣
• 慚愧不已……恨不得找個地洞鑽進去
• 興奮不已……心底樂開了花

2、表演性

如果講話的時候能利用肢體語言，在聲音、語調、手勢、體態上模仿和再現所講的情節內容，活靈活現地展現自己的思想，聲情並茂，聽者就會如同身臨其境，大受感染。

「那天晚上我正睡得香，突然一陣電話鈴聲響了，把我嚇了一大跳，差點從床上掉下來……」

比如上面這段話，說電話鈴響的時候模仿鈴聲；再說「嚇了一大跳」的時候，還可以做出嚇一跳的動作，例如，快速抖一下肩膀；最後說「差點從床上掉下來」時，也可以做出模仿掉下床的動作。這樣說下來，一段描述就會顯得豐富、生動、富有畫面感，彷彿讓聽者身臨其境。

平鋪直敘的語言在某些場合顯得過於死板，談話有起有伏才會富有感染力，喚起對方的興趣。形象的語言會讓人印象更深刻。

3、誇張調侃

蘇東坡的妹妹蘇小妹也是個出名的才女，兩人平時在一起總是互相逗樂。相傳蘇小妹的前額比較突出，蘇東坡曾調侃說：「未出門庭三五步，額頭已至畫堂前。」蘇小妹聽後毫不示弱，針對蘇東坡臉長的特點，回敬道：「去年一滴相思淚，至今還未流到腮。」蘇東坡和蘇小妹對彼此的形象進行誇張，顯得意趣盎然，也顯出了彼此的智慧和幽默。

4、引用俗語

俗語是指廣泛流行的定型句子，簡練而形象。利用這樣的句子來講話，聽起來則非常親切。

早先有句俗話叫「鍋裡有了碗裡有」，如今好多地方個人的碗裡是滿的，團體的鍋裡卻是空的。在這種情況下，還是有人到人家的碗裡去舀，加重人家的負擔……

5、打比方，作比喻

一次記者採訪某電視臺著名主持人白巖松，白巖松回答提問就用了非常恰當的比喻。

記者：「最近我看到有傳媒把你和電視臺的其他名嘴作了比較，給你的打分是最高的，在強手如林的競爭中，你感覺到有對手嗎？」

白巖松：「事業跟百米賽有相似的地方，我跑的時候，眼睛只看著前面那條線，而絕不會去考慮對手。但人生跟百米賽還不太一樣，百米賽就一條線，人生是你撞了一條線後還有另一條線，你得不斷去撞，直至死亡。」

記者想以事實說話，用事實來證明白巖松是出色的，並以此引出他對對手的評價以及面對競爭對手時的態度，可謂機智。而白巖松答得更為精彩，他首先從對方話中引出比方，然後尋找人生與百米賽的相同點，「眼睛只看著前面那條線」，含蓄地告訴世人——自己的心中有恆定的奮鬥目標，自己所做的一切都在向心中的那個目標邁進，無須過多地考慮對手。短短的一句話，不僅顯示了白巖松的自信，而且顯示了他看準目標，孜孜以求的堅韌。接著，又點出人生與百米賽的不同點：百米賽的目標是單一固定的，而人生的追求卻永無止境。

這樣生動明瞭的一番話，不得不讓人折服。

6、設置懸念

交談中有意製造懸念，會使人更加關注你的一舉一動。當大家集中精神、全神貫注時，你突然抖開「包袱」，大家發現原來是一場虛驚，就都會付之一笑，報以掌聲。

A：我失戀後，一氣之下把原來準備送給女朋友的鑽石戒指扔到了河裡。那天，我一個人在一家飯店悶悶地吃飯。一會兒魚端上來了。我心煩意亂地夾了一口塞進嘴裡，嚼了幾下，忽然牙齒咬到了一個硬東西。你們猜，我吃到什麼？

B：鑽石戒指？

A：哈哈，一塊魚骨頭！

05 尊重是交談的前提

我們討厭那種跟我們握著手、眼睛卻朝向別處的人，那種人讓我們感到他根本沒有誠意和我們打交道，也根本不尊重我們。

的確，每個人都渴望得到別人的關注和重視，希望得到別人的尊重和好感，這是一種心理需求，也是人際交往中一個根本的心理，也就是我們常常說的——讓我感覺自己很重要！

想想我們自己，如果你到人家做客，主人不冷不熱，把你晾在客廳一句話不說只顧自己看電視，你會不會感覺很受侮辱？如果有人視我們為透明，當我們可有可無，我們會感到很受挫敗。所以，設身處地地來看，想和人相處得愉快，就必須要讓對方感覺自己很重要。而如果你給予他足夠的尊重，反過來他也會尊重你。

想想看，如果你的朋友大老遠來只是為了看你一眼，或者你一到朋友家裡做客，朋友就拿出珍藏了很多年的好酒來請你品嚐，你會不會感到自己受到了禮遇？你會感覺到自己在朋友的心目中是很重要的。

同樣，我們的交往對像其實也都正在期待著那種「讓自己感覺重要」的感覺，當他們受到肯定和讚賞時，會認為我們是喜歡他們的，他們的自我價值感就會被激發出來，同時也就會把最善意的回報帶給我們。

想和陌生人成為朋友，就要給他這種最高禮遇，就是讓他感覺自己非常非常重要。如果你願意在人際關係中如魚得水，從以下幾個方面做起：

認真聆聽，讓對方成為主角；

經常肯定和讚許他人；

多多聯繫，聯絡感情；

在回答問題之前，深思熟慮；

多提問，讓對方談自己；

對人微笑，熱情相待；

無論是何種身分的人，對他都要一視同仁。

世界上最大的幸福就是被人需要，被自己在乎的人需要。如果你渴望和別人交朋友，讓別人接納你，你就要把對方當做你不可缺少的人。而同時，你也要讓對方感覺到他是被你需要的，那樣才會消除他的戒心，進而把你當成他的朋友。要做到這一點，最簡單的辦法就是讓他說話。

許多人不容易接近，只是因為他們過於沉默，所以別人不知道他們的喜好，最起碼不知道他們對事物的基本觀點，那還何談進一步的交流呢？對於這種沉默的人，一定要打破僵局，讓語言作為心靈溝通的先驅，打開對方的「話匣子」。

讓沉默寡言的人開口說話，讓對方侃侃而談，這裡有幾個竅門不妨借鑒一下。

1、時時提問

問問題是對別人感興趣的一種表現，恰當、友好的提問可以使對方始終有話可談，有情感可表達。當然，有的問題能讓人心中喜悅，而有的問題則讓人感到不舒服，甚至厭惡，這就要看你會不會提問題了。

例如，當你詢問某個人的家鄉，而得知他是已經從高雄搬到台北居住了十年之久，你可以就相關問題進行提問：

「當初為什麼從高雄搬到台北呢？那裡的天氣一定和這裡不同吧？在高雄你也

是做這個行業嗎？到這裡十年了，生活應該習慣了吧？」

不僅要會問，更要會回答。如果對方說：「前些日子，我去美術館參觀書畫展，真是好看啊！」而你只是說「哦，是這樣啊」就不夠高明了，你應該多提一些話題，引導他繼續講下去，如「哦，那參觀的人多嗎？是什麼題材的畫？有沒有什麼你特別喜歡的作品？」這樣提問，就會讓對方滔滔不絕地說下去了。

又比如，對方說「啊，對了，你說的方然，據說上個禮拜剛從美國回來」，你不能只是說「哦，是嗎」，而是要繼續說下去：「哦，他好像經常往美國跑，看樣子生意做得越來越大了……」

2、談對方喜歡的話題

不論是誰都有一些自己感興趣或值得驕傲的事情，如果你能引導對方談到這些話題，他一定能興奮得滔滔不絕。多請教、多提問，讓對方感覺你在這方面不如他，他就會暢所欲言，你們的關係也會更加融洽。

3、表示認同

初次見面的人，彼此不十分瞭解，這個時候最重要的是保持良好的關係，千萬不要為了無關是非原則的問題爭論不休。當對方表達觀點的時候，最好表示贊同，鼓勵對方繼續陳述意見，一來可以讓對方對你產生良好的印象，二來則可以使你們的談話繼續深入下去。當然，如果雙方的確在價值觀方面有重大分歧，可能無法繼續交往，這時你也可以不發表意見，求同存異，不可一味地討好。

對別人的見解隨聲附和，並不時提出問題，別人會覺得你是真的對他的話題很有興趣，於是受到鼓勵，不禁侃侃而談。對於對方精闢的見解、有意義的陳述或有價值的信息，要以誠心地讚美來誇獎。例如，「這個故事很棒」、「這個想法真好」或「您的看法很有見地」等，良好的回應可以激發很多有用而且有意義的談話。

4、別太標新立異

無論你多麼與眾不同，如果你有交朋友的願望，那麼最好還是把自己表現得大眾化一點，你那些特別之處最好還是留到以後讓別人慢慢瞭解吧。因為一個過於標新立異的人會讓別人產生距離感，讓人覺得親和力不足。

著名作家丁·馬菲說過：「盡量不要說意義深遠和新奇的話，而以身旁的瑣事為話題作開端，是促進人際關係成功的鑰匙。」的確，生活和學術、藝術是兩碼事，千萬別把自己的理想狀態帶到人際交往中，與別人格格不入。

這些竅門都是打開別人話匣子的高招，循循善誘才能讓談話不斷深入，讓彼此都意猶未盡。當然，關鍵還要你誠心、誠意地去用，才能贏得別人的認同，使得交往順利而又愉快。不要冷落任何一個人，讓別人都能感受到他對於你是重要的，這樣才可以很輕鬆地展開交往！

06 主動問好拉近距離

一個星期一的早晨，在一輛開往市區的巴士上，人們都坐在自己的座位上安靜地看著報紙，誰也沒有講話，車廂內安靜極了。

感到這樣的氣氛有點尷尬，突然，司機大聲對乘客們說道：「我是你們的司機。現在，請你們全都放下報紙，轉過頭去面對坐在你旁邊的那個人……跟著我說：早安，朋友！」

莫名其妙的乘客這時都會心地笑了起來，頓時，車廂內的氣氛活躍了。這位司機就是看準了陌生人之間難以捅破的「窗戶紙」的心理，幫助乘客解決了這個難題。如果我們也能像他那樣，就可以讓我們的溝通範圍更加寬廣。

陌生人之間總是心存戒心，即使沒有戒心，也很難一下子打破生疏感，所以開口說一句打破沉默的話非常重要。甚至有時候，短短的一句話，不起眼的細節，就可以讓人深深銘記。

陌生人之間，因為陌生，難以開口，所以寧願沉默到底。但其實，每個人心中都有打破尷尬、獲得友誼的願望，只是一時不知道怎麼辦才好。一句「早安」、「您好」、「謝謝」等簡短的句子，就可以迅速消除兩個人之間的隔閡，甚至給彼此都留下深刻的印象。窗戶紙捅破了，接下來的一切就順理成章。

問好只不過是表示友好的最初方式，對於剛結識的人，你最好快速、準確地記住別人的名字，這樣能增添不少親切感。如果在說某一句話、表達某種觀點之前能稱呼一下其名，對方就會認為你很看重他、很在乎他的意見和反應。這樣就縮短了雙方的心理距離，會使下一步的交往更加順暢。

生活中，我們也有這樣的感受：遇到多年前的老師、上司，一見面對方能一下子叫出自己的名字，心中難免就有幾分竊喜，感到自己被他人尊重；久未謀面的同學、朋友，偶然相見，彼此都能叫出對方的名字，一種久違的親切感穿越時空，溫暖心田。其實，每個人都渴望受到別人的關注和尊重，而關注和尊重很重要的一步就是叫出對方的名字、強調對方的名字。

很多人說，名字只是一個符號，但名字卻也是一個人伴其一生的東西，具有獨一無二的特性。你可以不在乎自己的名字，可是無論如何得重視別人的名字，重視別人的名字是一種尊重、一種縮短距離的體貼，在人際交往中起著不可替代的作用。

主動向別人問好吧！一聲早安，可以給別人帶來一天的開心；一聲謝謝，能讓人由衷地感受到溫暖。如果你能迅速記住新結識的人的名字，那更會讓人覺得親切，使你們迅速成為好朋友！

07 打圓場保面子

在社交場合中，每個人都希望在眾人面前展示自己美好的形象，因此都格外謹慎，都會比平時表現出更為強烈的自尊心和虛榮心。如果這時候他人不幸遭遇了尷尬、說錯了話，你替人圓場，給別人提供一個「臺階」，使他人保住面子、維護了自尊心，對方一定會對你產生感激和好感的。這也是人際交往中的一個必修課。

一個學生和班主任爭論男生能不能到女生宿舍串門子，老師一口咬定絕對不能。學生很長時間不能說服老師，又見老師似有怒意，為了結束爭論，給老師一個臺階下，他巧妙地說：「如果老師說得正確，那我肯定錯了。」

有時，與師長、上司等爭論，你認定自己的觀點絕對正確，不能讓步，可是出於禮貌或無奈不能堅持，在這兩難境地，假設句可以說是最好的解圍方式。在特定的交際場合，有時礙於面子，有時掌握不準，這時可以用假設句去表達。「如果老師說得正確，那我肯定錯了」這本是一句廢話，由於附加了假設的條件，使表達變得婉轉，亦莊亦諧，所以問話人、說話者和涉及對象都能接受，緩解了當時的緊張氣氛。

作家馮驥才到美國訪問時，一位美國朋友帶著兒子去看他。談話間，那位孩子爬上馮驥才的床，站在上面拚命蹦跳。如果直截了當地請他下來，勢必會使其父產生歉意，也顯得自己太過小氣。於是，馮驥才便說了一句幽默的話：「請你的兒子回到地球上來吧！」那位朋友說：「好，我和他商量商量。」

幽默是人際交往的潤滑劑，一句幽默語言能使雙方在笑聲中相互諒解和愉悅。在這裡，馮驥才一句幽默語言既達到了目的，又顯得很風趣，也不失風度。

不要當眾揭對方的錯誤或隱私。誰都不願把自己的錯誤或隱私在公眾面前「曝光」，一旦被人曝光就會感到難堪，甚至惱怒。因此，在交際中，如果不是因為某種特殊需要，一般應盡量避免觸及這些敏感區，避免使對方當眾出醜。

邁克的好朋友麗薩帶著五歲的孩子皮皮來家裡做客時，簡直像個間諜一樣，一走進邁克家，就到處查看，東翻西弄，不知在找什麼。本來邁克家的小邁克也喜歡翻東西，但在他們的教導下已經有些改善了，這下有了皮皮哥哥的示範，小邁克特別來勁地跟在後面也「窮翻」了起來……

麗薩很尷尬，想阻止皮皮的行為，可是孩子根本就不聽話，還怕要是說得重了，會破壞了融洽的氣氛。一時間，麗薩不知道該怎麼辦好。這時候邁克走過來說：「我知道，這個年齡的孩子原來都很愛翻東西。妳一定覺得很尷尬吧？」之後，他笑笑對著皮皮說：「皮皮，你這個小傢伙真機靈，聽你媽媽說，你最近又有一種新的搭積木的方法，小邁克一直盼著跟你學呢，你快點帶他去玩吧。」

這樣一來，氣氛依然和諧、風趣，而頑皮的孩子也聽話地跑到一邊玩積木去了。

其實，往往在孩子做出「尷尬」行為的時候，他的父母比你可能更為難堪，所以你一定要給朋友一個表達感受的機會，讓他向你道歉、解釋或者去干預小孩子。如果你只用「小孩子嘛，沒事的」堵住了朋友的嘴，那麼你也同時堵住了你與朋友交流的心。上面例子中的邁克很好地化解了朋友的尷尬，也沒有傷害小朋友，就是因為他有一顆體諒之心，讓朋友和孩子的自尊心都得到了很好的保護。

替人圓場、為人著想也是如此，不僅維護了別人的自尊心，也化解了尷尬，使得交往能夠順利進行，不傷害彼此的和氣。

08 示弱讓人感覺親近

在現代社會，每個人都渴望在競爭中脫穎而出，充分展示個人風采。但我們要注意在不同的時間、地點、場合的表現要恰如其分。我們會誤以為，只有表現得最好才是可愛的，但事實並非如此。想想我們心中那些可愛的人，常常是不完美的。

要明白，自己在所有方面、每時每刻都超過別人的想法是不現實的。如果按照這樣的標準來要求自己，會時刻生活在疲憊之中，同時也會讓別人產生壓迫感。因為這樣做不僅是在表現自己，也是在壓制他人、否認他人的存在和價值。

「做得好」不是故意表現出來的，不是演給別人看的，需要我們紮紮實實地去做事情、自然而然地去表現。或者說，當我們不刻意去裝扮、表現自己的時候，才是最佳的表現。

示弱是一種高超的處世智慧，可以減少或消除不滿和嫉妒。

事業上的成功者、生活中的幸運兒，被人嫉妒是難免的，在一時還無法消除這種社會心理之前，用適當的示弱方式可以將其消極作用減少到最低程度。

人都有一種嫉妒心理。示弱能使處境不如自己的人保持心態平衡，有利於人際交往。一個人這方面突出，肯定另一方面就有所弱點。那麼，在社交中，就不妨選擇自己「弱」的一面，削弱自己過於咄咄逼人的成績，讓別人放鬆警惕。

地位高的人在地位低的人面前不妨展示自己的奮鬥過程，表明自己其實是個平凡的人；成功者在別人面前多說自己失敗的經歷、現實的煩惱，給人一種「成功不易」、「成功者並非一舉成名」的感覺。

對眼下經濟狀況不如自己的人，可以適當訴說自己的苦衷：例如健康欠佳、子女學業不佳以及工作中諸多困難，讓對方感到家家都有難念的經；某些專業上有一技之長的人，最好宣佈自己對其他領域一竅不通，袒露自己日常生活中如何鬧過笑話、受過窘等；至於那些完全因客觀條件或偶然機遇僥倖獲得名利的人，更應該直言不諱地承認自己是偶爾的運氣好；那些高高在上的人，也不要把自己塑造得過於高大、完美，而應該時不時暴露一下缺點，增加自己的親和力。

在與人的交往中，要使別人對你放鬆警惕、形成親近之感，只要你很巧妙地、不露痕跡地在他人面前暴露某些無關痛癢的缺點，出點小洋相，表明自己並不是一個高高在上、十全十美的人，這會使他人在與你交往時鬆一口氣，不再與你為敵。

示弱不僅使得彼此消除不必要的敵意，增進瞭解和理解，還是成功路上必不可少的考驗。試想想，誰能夠恆強？誰能夠一帆風順？在強的時候，故意示弱固然是一種策略；可是，在弱的時候，不妨也誠實一點，示弱給別人看，表達你需要幫助的誠意，接受別人的幫助，進而走出困境。

週末，一個小男孩在他的玩具沙箱裡玩耍。沙箱裡有他的一些玩具小汽車、敞篷貨車、塑料水桶和一把亮閃閃的塑料鏟子。在鬆軟的沙堆上修築公路和隧道時，他在沙箱的中部發現一塊大岩石。

小傢伙開始挖掘岩石周圍的沙子，企圖把它從泥沙中弄出去。他的個子很小，而岩石卻相當大。他手腳並用，似乎沒有費太大的力氣，岩石便被他連推帶滾地弄到了沙箱的邊緣。不過，這時他發現，他無法把岩石向上滾動、翻過沙箱邊牆。

小男孩下定決心，手推、肩擠、左搖右晃，一次又一次地向岩石衝擊。可是，每當他剛覺得取得了一些進展的時候，岩石便滑脫重新掉進沙箱。小男孩急得直叫，拼出吃奶的力氣猛推猛擠。但是，他得到的唯一回報便是岩石再次滾落回來，砸傷了他的手指。

最後，他傷心地哭了起來。

這整個過程，小男孩的父親從起居室的窗戶裡看得一清二楚。當淚珠滾過孩子的臉龐時，父親來到了跟前。

父親的話溫和而堅定：「兒子，你為什麼不用上所有的力量呢？」

垂頭喪氣的小男孩啜泣道：「我已經用盡全力了，爸爸，我已經盡力了！」

「不對，兒子，」父親親切地糾正道，「你並沒有用盡你所有的力量。你沒有請求我的幫助。」父親彎下腰，抱起岩石，將岩石搬出了沙箱。

人互有短長，你解決不了的問題，對你的朋友、親人或者同事而言或許就是輕而易舉的。記住，他們是你的資源和力量，在必要的時候，你也需要別人的幫助。一個人想要取得成功，自己的能力固然重要，但也離不開他人的幫助。自強固然是一種難能可貴的品質，自立也是通往成功的必要因素。但我們也應意識到，一個人的力量是微薄的，面對許多困難，僅靠一個人難以解決。與其在遇到困難的時候咬牙撐著，死要面子活受罪，封閉自己，將別人拒之門外，不如坦然地示弱，讓別人看到你的困境、知道你的所需所求，這樣才能有人助你一臂之力，幫你渡過難關。

世上沒有絕對的事情，人際交往中也是如此。你不可能是永遠的強者，在弱的時候誠實地示弱，更能交到真心朋友；在強的時候也要示弱保護自己，不要招致不必要的麻煩。示弱是人際交往的藝術，如果能領悟其中的真諦，你就能成為人際交往的大師了！

09 對自己不喜歡的人更要寬容

在人際交往中，我們會碰到一些自己不喜歡的人，可是因為工作、辦事，我們不可避免地要和這些不喜歡的人打交道，這時候該怎麼辦呢？對人家冷若冰霜？那事情可就辦不成了；對人家假裝熱情、友好？好像又很難裝得那麼像。

其實，當對方不討人喜歡不一定是他的人品不好，只是一些似是而非的標準阻礙了我們的交往。再說，世上不是每一個人都能討所有人的喜歡，不喜歡很正常，沒有必要因此就對某個人置之不理或妄下判斷、抱有成見。深入瞭解一個人之後，說不定你還會喜歡他呢。

有時對方的言行、舉止讓你惱火，但如果你們二人針鋒相對、互不相讓，就可能引發衝突，接著升級為謾罵，甚至鬥毆，導致關係破裂。即使是陌生人，以後很難再相見。可是搞得雞飛狗跳，也會讓你心情糟糕、顏面掃地、風度盡失，實在不值。

因此，對那些讓自己不愉快的人和事，應抱有寬容的態度，為自己贏得小小的口碑。要和自己不喜歡的人相處，最好是拿出寬容、平和的心態，學著從另外的角度看對方、看他的優點，試著接納他。

1、主動攀談

俗話說，「言為心聲」，只有用語言與別人交談，別人才能更好地認識你，你也才能更好地認識別人。無論你如何討厭對方，畢竟大家需要共同做一些事情、進行合作，所以你應該主動與別人溝通，促進和深化交往。

這時候，一個人的親和力就顯得很重要，這樣的人即使碰上不那麼友好的人，也會透過親和的語言和氣質與別人拉近距離。良好的人際溝通和親和能力不僅使我們獲得更多的友情、感受到人與人之間的關愛與溫暖，還使我們獲得更多的人際資源，從而獲得意想不到的好前途和機會。

2、去除誤解

人與人之間出現矛盾、摩擦是正常的，關鍵是要多溝通，說開了，彼此之間就會取得理解，逐步磨合，再走向和諧。尤其是一些不必要的矛盾，只要稍作一點解釋，就會弄清事實、澄清是非，讓雙方化干戈為玉帛。用不著為了一點小事而悶悶不樂，把怨氣埋在心裡，鬱鬱寡歡。

越是在不喜歡的人面前，言談舉止越要大方、自然，不要清高自傲、孤芳自賞，該坦率、直露的地方絕不含糊其辭。只有多向人坦白你，別人才能相信你，從而向你多坦白他自己，達到雙方的友好溝通。

3、大度寬容，善待他人

你對別人橫眉冷對，別人對你也不會有好臉色。只有善待他人，他人才能善待你。如果你總是對別人抱有成見，別人也會心有芥蒂。在交往中，適當諒解和善待對方的缺點和不足，透過交談和解釋等方式向對方表示自己交往的願望，以瞭解和親近對方。當別人有了不足，特別是有損自己利益時，應得饒人處且饒人，這樣才會博得他人的敬重。

寬容是一種智慧。寬容別人就是善待自己，寬容了別人不但給了他們新的機會，也取得了信任和尊敬，能夠與他人和睦相處。

寬容不喜歡的人，不僅是一笑了之的處理方式，也包括寬恕。對於曾經傷害過自己的人、對於曾經為難過自己的人、對於曾經懷疑或者否定過自己的人，與其總是在心頭記下一筆陳年舊帳，不如微微一笑，讓往事隨風而去吧。

沒有什麼憎恨與怨仇值得用一生去記憶，我們心靈的空間如此有限，用它盛滿這一生中所有的激動、感恩、快樂和愛尚且不夠，怎麼捨得讓那些煩惱擠占本屬於我們自己的快樂呢？

在人與人之間的交往中，唯有摒除了自己的喜好，才能最大限度地發掘別人的潛力和優點，才用心靈的力量去感化別人。心寬一分，世界便大一分！

10 適當沉默讓你更顯魅力

人們總說沉默是金，而我們主張要開口說話，發揮口才，不能總是沉默。在這樣的社會裡，總是保持沉默是不合時宜的，畢竟，只有透過語言表達，你才能讓自己的才華展現出來，讓自己的性格魅力散發光彩，讓別人透過你的談吐來瞭解你、欣賞你。不過，凡事都有限度。如果以為沉默是金不合適，而偏偏要矯枉過正，不論什麼場合、什麼地點，一律地張揚，盡情表現自己，滔滔不絕，也不是理想的狀態。

別忘了還有那些名言：「言多必失」、「禍從口出」。說出去的話，潑出去的水，再也收不回來。情緒一激動就口無遮攔，中傷別人，打擊別人的自尊心，讓別人下不了臺，或者喧賓奪主，誇誇其談，把真正的主角晾在一邊，都是膚淺的做法。

人的關係是很微妙的，往往一句「說者無意，聽者有心」的話，傷害就不知不覺造成了；即使你本意不是傷害別人，卻總是處處顯示自己，把別人限於被動、尷尬的局面，那就糟糕了。更何況在錯綜複雜的交際網中，在城市的每一個角落裡，無時不隱藏著殺機和危險，有「一失足成千古恨」的先例，更有禍從口中出、引禍上身的酒桌之言。

無心之言、戲言、多嘴之言都會隨時帶給你某些結果，造成上下級間的關係緊張、夫妻間的關係不和、朋友間的誤會、鄰里間的衝突等。所以，聰明人都懂得這個道理，絕不會讓自己的精力浪費在說廢話上。

話太多會招致別人的反感，也會招致別人的嫉妒。有時候也許你的話無傷大雅，可是為了表現自己而處處張揚的人，也會給人華而不實、聒噪膚淺的感覺。滔滔不絕把自己的優點、缺點全部暴露，可能也算是實在、算是一個優點，但對那些不熟悉的人、有些無關緊要的人，表達得過分了，也就失去了神祕感。讓人一眼看到底，顯得內涵不夠，讓人懷疑你實在腹中空空。

過於張揚，開口便喧賓奪主、口若懸河，即使你有真才實學，也難免令人厭惡。不如適當地沉默，保持內涵，讓人感覺你高深莫測、成熟穩重。凡事在心不在口，如果你平時不顯山露水，說話不多卻思路清晰、言之有物，令人如沐春風。那麼，在關鍵時刻，那些平時吹擂的人反而會各個退後，讓你站出來真正解決難題。這時候，別人一定非常驚喜，著實佩服你的能力。

當然，我們推崇的沉默不是忸怩作態，而是擁有真正的內涵。而擁有真正內涵的人，通常也明白保持沉默的道理。有這樣一個寓言故事：

有一天，青蛙問公雞：「你看我每天在池塘裡叫啊叫的，多好聽啊，是自然的聲音呀！可是為什麼人們還嫌我煩呢？你每天就叫那麼一兩聲，打擾人家睡覺，可是怎麼人們還是那麼喜歡你？」

公雞微微一笑，說道：「那是因為我叫他們起床工作，勤勞播種，才能豐收。你呢，每天在中午人家休息的時候大叫大嚷，什麼用都沒有，還打擾人家休息，人家當然會嫌你」

你要當青蛙，還是當公雞呢？不言自明吧。

適當沉默，就是掌握好說話的度，別因為膽怯緘默而錯失交流的機會，也別因誇誇其談而招致別人的反感。真正懂得交往真諦的人，都知道什麼時候閉嘴，這樣才能不說廢話，而一張嘴則「一語中的」，這樣的人誰不喜歡呢？

進可攻，退可守：

不廢話，助你成功

第二章

掌握分寸，說話禁忌全知道

01 別讓你的伶牙俐齒傷人心

許多人能言善辯，時常在人群中佔據上風。為了顯示自己的口才有多麼了得，他們更樂意尖酸刻薄，帶有挑釁意味，似乎這樣會顯得伶牙俐齒、不好惹、有個性。很多善於辯論的人因為不懂人際關係的維護，常常目中無人、爭強好勝，什麼都想比別人高出一截。別人說一句話，他也會從中挑刺，非要讓別人同意他的觀點，甚至不惜辯論一番決出勝負。

卡內基對此說：「你可能贏了辯論，可是你卻輸了人緣。」任何諷刺、挖苦都是帶有攻擊性的，即使是友善的嘲弄，有時也會讓你失去友情。諷刺、挖苦阻擋了正常的、開放式的交流，而使交往變成了荒謬的爭吵。

俗話說，「得饒人處且饒人」。千萬別因為一點小事就斤斤計較，得理不饒人。這樣，會給別人一種刻薄的印象。就算你是有口無心，卻也給你的形象大打折扣。

交談和溝通是彼此之間交換信息、想法與感受的過程，並不是辯論賽，沒有必要分出高下。沒有人喜歡總是被人駁倒，喜歡被強壓在人之下。如果你只是為了逞一時口舌之快，非要置人於失敗之地，恐怕會得不償失。贏了一場辯論，失去一個朋友，這又何必呢？

所以，為了與他人有更好的溝通，請你克制住自己爭強好勝的個性，隱藏住自己咄咄逼人的高超口才技藝，捨棄這種競賽式的談話方式。不妨採用一種隨性、不具侵略性的談話方式。這樣，當你在表達意見時，別人也比較容易聽進去，而不會產生排斥感。

對別人的意見，你也不妨站在他們的立場上考慮是不是也有道理，即使你真的無法表示同意，也要拿出寬容接受的姿態。畢竟，這個世界上持不同意見的人很多，你不同意他，並不代表他就是錯的。你只需要瞭解每個人都有不同的想法就夠了。

謙虛謹慎、寬容平和是交往的一大要點，切不可感情用事，沒有城府，一衝動就口不擇言。有些話可能也算不得錯，可是用極端的方式表達，就會惹眾人惱怒。

一點小事，換一種說法完全不是什麼大不了的問題；可是說話太衝，不考慮別人的感受，張嘴就來，非要逞一時口舌之快，就可能激怒別人，讓事情變得不好收拾。所以，與人交往不要刻意地表現強勢的作風，似乎讓所有人都啞口無言是你的最高目標。嘴上佔上風並不代表你有多麼了不起，別人不會因為你的「伶牙俐齒」就佩服你，反而會因為你的不識抬舉、不懂禮貌而厭惡你。

生活中常有這樣的人，一旦在人際關係中佔了上風，就氣勢洶洶、咄咄逼人，仗著自己有什麼優勢就大逞口舌之強，非要把人逼進死胡同他才開心。這樣的人，即便再能說會道，也只會招人厭煩。

想想看，生活中為這種小事斤斤計較、得寸進尺的人還真不少。但其實，很多事情根本沒有必要非要分出個高下、優劣，尤其當這個結果還可能挫敗別人的自尊心時，那就更不要去爭辯。你尊重別人，別人就會尊重你；你要存心讓別人難堪，別人一定不服氣，這也注定為你以後的人際交往埋下隱患。所以，有時候對自己的觀點要有所保留，對別人的觀點也要能理解和認同，這樣關係才能和諧。

伶牙俐齒盡可以用到辯論會上，但是生活不是辯論會。一個擁有好口才的人，會知道一個人不能永遠坐在辯論席上，不同的場合要說不同的話，必要時還要懂得沉默是金的道理。有張有弛，有理有節，恰到好處，有一顆體諒之心，才算是真正的好口才。

02 咄咄逼人太刻薄

別人有了錯，也許他自己已經意識到了，對所犯的錯誤多少有了負罪感，如果不分場合，一味理直氣壯地譴責別人，會讓人十分難堪。得饒人處且饒人，對那些已經有了內疚之意的人應該學會同情和理解、學會寬容和禮讓、學會拯救。

在一個秋天，美國加州有兩個少年在林場裡玩，還惡作劇的點燃了那片叢林。而在這次火災中，一名年輕的消防警察不幸犧牲了。

在查明這是一起蓄意的縱火案之後，人們非常憤怒，市長表示一定要將罪犯逮捕歸案，讓他們接受最嚴厲的懲罰。但是那位犧牲的消防警察的母親在接受記者採訪時說的話卻出人意料。

她說：「我很傷心地看到我的兒子離開我，但我現在只想對製造災難的兩個孩子說幾句話：你們現在一定活得很糟糕，很可能生不如死。作為這個世界上最有資格譴責你們的我，此時只想說，請你們回家吧，家裡還有等待你們的父母。只要你們這樣做了，我和上帝一起寬容你們……」

在這位寬容的母親發表電視講話前，兩個縱火的孩子原本因為承受不了巨大的社會壓力而購買了安眠藥準備一起離開這個世界。但就在這時，他們從電視裡聽到了這位母親的聲音，頓時淚如雨下。而後，他們將安眠藥丟到一邊，決定向警察投案自首。

這位母親的寬容真是讓人動容。本來原諒害死兒子的罪魁禍首已經是非常困難的事，而她居然還在擔心他們活得不好，規勸他們回到家人身邊。相信讀者聽到這樣感人肺腑的語言，見識到如此高貴的一顆心，也會不禁慨歎。正是她的寬容與心平氣和，阻止了兩條鮮活、年輕的生命帶著悔恨從世界上消失。

這個故事是溫馨的，從中我們可以得出這樣的結論：在人際交往中，得饒人處且饒人，不必對別人的錯誤耿耿於懷、念念不忘，用惡意和仇恨來對待那些本已經脆弱的人。得理讓三分是一種風度、一種理解，也是一種謙讓和原諒，它會讓你周圍的人為此對你心懷敬意。

1、得理讓三分，顯出氣度和修養

・今天這件事的確是你做得不夠妥當，可是也是情有可原。算了算了！
・沒關係，誰能不犯點錯誤呢？
・謝謝你啊！沒有你提醒，我還真不知道原來是這麼回事。
・別有心理負擔。沒事啦，下次注意就好！

2、否定別人時，改用商討

或許有時候我們還會碰到這樣的情況，我們有自己的思想和主見，可是不同的觀點必然建立在否定他人觀點的基礎之上，你要否定別人，或多或少都會引起別人的不快。這時候你若咄咄逼人，肯定會使意見不同的人處於尷尬的境地，那怎麼辦？

表達觀點實在用不著強加於人，盡可能多地使用商討或詢問的語氣，不用命令和過於絕對的口氣。我們來對比以下的幾段話。

・我認為你的觀點不對。其實應該這樣，肯定沒錯！
・你的觀點是這樣的。我覺得是不是可以這樣呢？說不定這樣會更好呢？
・按照你說的，我們可能就要面臨損失了！

・我們不妨換一個角度看，看這樣行不行？

先商量，當對方仍然固執己見的時候，你再改用堅定的語氣也不遲。商量是尊重對方的表現，你如果尊重他人，即使他們可能並不想改變自己的觀點和意見，也可能會充分考慮你的意見，並同樣回報給你尊重。否則，雙方態度強硬，互看不順眼就不可能繼續合作、往來了。

3、表達不同時，左右為難

在表達不同觀點和意見的時候，先表現出明顯的左右為難神情，會給對方心理上的緩衝。你可表現出猶豫不決、吞吞吐吐的樣子，對方看到你這個樣子就已經知道你可能持有不同的觀點，此時你就順勢告訴對方，你確實有一些不同的意見：「我一直是很直率的，今天我就不客氣地說了……」

左右為難可能算是一種作秀，但是非常有效。這不僅是一種退讓、一種寬慰，同時也是一種暫時的有利，為自己表達不同的觀點奠定了基礎。

4、提意見時，借權威人之口

有時候直接說出自己的觀點可能會太唐突，讓人毫無準備，矛盾會顯得比較尖銳，尤其是面對比自己更有資歷的前輩、老師，直接否定他們的觀點就會很難為情。這時候，你可以借助第三人、第四人來巧妙地把自己的觀點加到他們身上，借他們之口來表達不同觀點。

這個第三人最好是同一類型的、對方比較熟悉和瞭解的，也可以是比對方地位、成就更高的人，這樣說服力就增強了。

「原來老師也遇到過這樣的問題，他就是這樣解決的。我們也試試看？」

肯定對方觀點合理的一面，再幫助對方分析一下他的觀點中還有一些不足，之後再提出自己的觀點和不同意見，水到渠成，讓對方接受。

你給對方的觀點找到的毛病越多，否定他的觀點就越容易，同時樹立自己的觀點也更容易。一旦你分析得合情合理，別人也會很願意接受你的觀點。當然，分析別人的意見要客觀公正、有理有據，不能為了樹立自己的觀點就把別人說得一無是處，肆意擴大不合理性，甚至無中生有。

「剛才你提的意見我覺得有一定的道理，也是一種方法。不過，如果真的那麼做的話，我們工作以外的負擔就會很重，而且任務會比較分散，不利於集中解決問題。你看，如果稍微修正一下，這樣好不好？」

雖說有理走遍天下，無理寸步難行。本來是有理，可是真理向前多走一步也會成為謬誤。人們相互之間的尊重比理更寶貴，不能因為有了理就肆意踐踏別人的尊嚴，忘記了做人之道。

有理不在聲高，同樣，有理也不一定溢於言表。咄咄逼人只會招人厭煩，只有掌握好了分寸，恰當地表達出勸誡、說服等觀點，才能讓別人心服口服。

03 別把話說滿，也不把事做絕

自以為是的人容易把話說滿，總覺得自己的見解沒有錯，根本不容分辯，於是馬上蓋棺定論，不留餘地。要知道，杯子留有空間，是為了輕輕晃動時不會把液體溢出來；氣球留有空間，是為了不會因輕微的擠壓而爆炸；人說話留有空間，是為了防止「例外」發生而讓自己下不了臺。

某公司新研發了一個項目，老闆將此事交給了下屬俞亮，問他：「有沒有問題？」

俞亮拍著胸脯回答說：「沒問題，放心吧！」

過了三天，沒有任何動靜。老闆問他進度如何，他才老實說：「原來沒有想像中那麼簡單！」

雖然老闆同意他繼續努力，但對他拍胸脯的信誓旦旦已經開始反感。

成熟的成功者，他們將信念牢牢把握在心中，並不寄希望於誇誇其談來博得別人的尊重，也並不指望說出來祈求別人的幫助。他們有著自己的行為方式和追夢理念，他們要的，只是一個自我的空間，無自由實現夢想。展示給外界的，只是成績，而不是過程和宣言。失敗者或是不成熟的人則恰恰相反，往往事情只是初露端倪，他們便迫不及待地向別人表述自己的觀點和見解，一五一十地大談未來的規劃，拍胸脯向別人保證美好的發展前景。即便真的做到了，也未免給人留下輕浮、張揚的壞印象，不僅會招致妒忌，還可能招致別人的反感，無形中給自己設置了一堆障礙。哪裡算得上是穩重的成功者，或者說能長久保持成功的人呢？

真正的成功者有著成熟的心態，從幼稚、膚淺走到現在的成就，他們無一不體會到一個真理：不說大話，只做實事，這才是心態成熟的標誌，也是屢試不爽的策略。

空話、大話連篇的人，吹得天花亂墜，實際行動卻不見幾分，難免讓人覺得你華而不實，難以信任。不如低調一點，做的比說的多，用實際行動證明自己的價值。把話說得太滿、太大，就像把杯子倒滿了水，再倒就溢出來了；也像把氣球灌飽了氣，再灌就要爆炸了一樣。不如留有一點餘地，自己何時都能從容轉身。當然，也有人話說得很滿，而且也做得到。即使這樣，說滿話也不可取。畢竟，謙虛一些能留給人美好的印象，而一味拍胸脯，總是讓人覺得你不夠穩重。更何況，凡事總有意外，使得事情產生變化，而這些意外並不是人人能預料的，話不要說得太滿，就是為了容納這個「意外」。

在看電視時我們發現，很多名人在面對記者的詢問時，都偏愛用這些字眼，諸如可能、盡量、或許、考慮等，這些都不是肯定的字眼。他們之所以如此，就是為了留一點空間好容納「意外」；否則，一下子把話說死了，結果事與願違，那不是很難堪嗎？

在做事的時候，對別人的請託可以答應接受，但最好不要「保證」，應代以「我盡量，我試試看」的字眼；上級交辦的事當然要接受，但不要說「保證沒問題」，應代以「應該沒問題，我全力以赴」之類的字眼。這是為萬一自己做不到所留的後路，而這樣說事實上也無損你的誠意，反而更顯出你的謹慎，別人會因此更信賴你，即便事沒做好，也不會太責怪你。

用不確定的詞句可以降低人們的期望值。你若不能順利地做成某件事情，人們因對你期望不高，最後總能諒解你，而不會對你產生不滿，有時他們還會因此而看到你的努力，不會全部抹殺你的成績；如果你能出色地完成任務，他們往往喜出望外，這種增值的喜悅會給你帶來很多好處。

話不說滿也表現在不要對他人太早下評斷，像「這個人完蛋了」、「這個人一輩子沒出息」之類，浪子還有回頭的時候，人一輩子很長，變化還很多，你怎麼能憑主觀就評定別人的一生？

「話不要說滿，事不要做絕」都是有道理的。事情做絕，不留餘地，不給別人機會，處理事情下狠手都是不理智的行為。在日常生活中，人們難免會與某個人或團體產生衝突，當這些衝突發生後，有的人能以一種平和、積極的心態來處理，而有的人則常常撕破臉，惡語重傷對方。

與人交惡，口出惡言，動不動說出「絕交」、「勢不兩立」之類的話，這顯得自己太沒有度量，也是交際中的大忌。無論衝突如何深刻，最好不要說出「勢不兩立」之類的話，否則日後萬一有合作的機會，一定左右為難，尷尬萬分。

做人、做事，應該多一些寬容和體諒，要學會斡旋、學會柔軟、學會變通，不要一根筋，把話講得太滿，把事做得太絕。留有餘地，進可攻，退可守，這才是成功的做人之道。

04 愛囉嗦的人招人煩

愛囉嗦的人的確讓人頭疼。可是生活中就是有這樣的人，明明一句話能講完的事非要長篇大論，廢話連篇，毫無重點，讓人聽著摸不著頭腦。而當事人卻對自己的毛病毫無察覺，自顧自地享受表達的樂趣，全然不顧聽眾是多麼如坐針氈。

二〇〇三年，時任美國國防部長的拉姆斯菲爾德獲得英國「推廣簡潔英語運動」組織對他頒發的年度「不知所云」獎。因為他曾經在一次記者招待會上談到「伊拉克是否有大規模殺傷性武器」時，說了一段流傳很廣的「名言」：「我一向對尚未發生的事情的有關報導感興趣，因為就像我們都知道的那樣，有一些眾所周知的事情；我們知道一些我們知道的事情；我們不知道很明顯未知的事情；那就是說，我們知道有些事情我們不知道，但也沒有人知道未知的事情——也就是我們不知道的未知的事情。」這段像繞口令一樣的話，讓所有人不知所云。

言之有物是衡量有沒有口才的一個標準，而沒有口才的領導幹部生活中最常見。很多人一登台就先問「今天是什麼天氣？」「開會的人到齊了沒有？」等，接著就是一頓假謙虛，而且說得前言不搭後語，空話、套話、廢話連篇。這種講話讓人聽了如墜雲霧，不知他到底要講些什麼。而底下都是下屬，聽也不是，不聽也不是，難受啊。

囉嗦的話就像節日裡包裝煩瑣的禮品，別看裡三層外三層包裝得豪華，真正的精華其實也就是裡面小小的一部分，看著好看，其實內容沒多少，真正的華而不實。甚至有些囉嗦的話，連好看的外表都沒有，更是浪費聽眾的時間、折磨聽眾的耳朵、考驗聽眾的耐心。

其實，真正打動人心的語言往往不是長篇大論，而是那些簡潔、有力的話。丘吉爾就發表過著名的一句話演講。第二次世界大戰期間，面對希特勒的進攻，英國節節敗退，人心惶惶，士兵士氣低沉。當時的英國首相丘吉爾覺得有必要作一場演講，來激勵士兵的士氣，挽救國家的命運。

丘吉爾拄著枴杖，戴著草帽，慢步走向講台，先把草帽放在講台，然後從左到右橫掃了整個軍營，說：「永不放棄！」然後又從左到右橫掃了整個軍營，說：「永不放棄！」當時，整個軍營鴉雀無聲，連一根針掉在地上的聲音都可以聽到。然後他又從左到右橫掃了整個軍營，加大聲量說：「永不放棄，永不放棄，永不放棄，永不放棄！」整個軍營都沸騰起來，歡呼聲淹沒了整個軍營。此後，英國連連打敗德國希特勒的進攻。

這就是丘吉爾最著名的演講，世界上最震撼的演講，同時也是世界上最短的演講。言簡意賅，不僅表現一個人的表達水平，更展現了他的修養和內涵。在複雜的場合下能夠用得體、恰當的語言，簡練地表達出自己的意思，就會讓人由衷地敬佩。就像丘吉爾最短的演講一樣，僅僅四個字，就能夠激起士兵們的滿腔熱血。如果這時候不識時務地來一段長篇大論，恐怕士兵們早就倒戈不幹了！

表達和溝通不僅僅是讓別人明白你的想法就可以了，你還要讓別人聽得盡量舒服。在如今這個快節奏的社會，一切都要講究效率，說話也不例外。如果你還像老夫子一樣，之乎者也，廢話連篇，恐怕大家都會對你唯恐避之不及，誰還會成為你的朋友呢！所以，言簡意賅的表達是一項基本功，學學那些外交家風趣而又簡練的言談，這會讓你的人際關係增色不少！

05 能說會道的人不逞口舌之快

說話是人的天賦本能，但良好的談吐卻要靠後天的練習。說話，對於一個人來說是一門藝術。言語是人生不可缺少的一種傳達思想感情的工具。善於說話，小則可以歡樂，大則可以興國。

雖然每個人都知道說話，但話說得好的人卻不多，說話並不見得比寫文章容易，文章寫好了可以修改，而一句話說出來了，要想修改是比較困難的。所謂「說出去的話，潑出去的水」，就是這個意思。

有一種人，反應快，口才好，心思靈敏，在生活或工作中和人有利益或意見的衝突時，往往能充分發揮辯才，把對方辯得臉紅脖子粗，啞口無言。這種人不管自己有理無理，一要用到嘴巴，他絕不會認輸，而且也不會輸——因為他有本事抓你語言上的漏洞，也會轉移戰場，四處攻擊，讓你毫無招架之力；雖然你有理，他無理，但你就是拿他沒辦法。

在辯論會、談判桌上，這種人也許是個人才；但在日常生活和工作場合中，這種人反而會吃虧。因為日常生活和工作場合不是辯論場，也不是會議場和談判桌，你面對的可能是能力強但口才差，或是能力差、口才也差的人，你辯贏了前者，並不表示你的觀點就是對的，你辯贏了後者，只凸顯你是個好辯之徒罷了。

而一般常見的情形是，人們雖然不敢在言語上和你交鋒，但對的事情大家心知肚明，反而會同情「辯」輸的那個人，你的意見並不一定會得到支持；而且，別人因為怕和你在言語上交鋒，只好盡量迴避你。如果你得理還不饒人，把對方「趕盡殺絕」，讓他沒有臺階下，那麼，你已種下一顆仇恨的種子，這對你絕對不是好事。

人有好口才不是壞事，但運用不當則會壞事，因此你若有好口才，必須要注意說話的緊急，避免因此而討人嫌。起碼應以注意如下幾點：

- 把口才用來說明事理，而不是用來戰鬥。不過當有人攻擊你時，你當然可以「自衛」。
- 有好口才，也必須要有相對內涵。否則，別人會笑你全身只有舌頭最發達。
- 要駁倒對方，保衛自己的意見時，點到為止即可，切莫讓對方「無地自容」。

換句話說，要給對方臺階下。

‧別人得罪你時，你雖理直氣壯，但也不必把對方罵得狗血淋頭。

‧若自己的觀點有錯，要勇於認錯並接受對方的觀點。切莫用辯論的技巧死命反擊。因為黑就是黑，白就是白，硬辯只會讓人看不起你。

不過，有好口才的人，常會因「所向無敵」而忽略收斂的重要，因為他把「逞口舌之快」當成一種「快樂」，這是這種人最大的悲哀。

06 那些不適合發言的情況

喜歡表達自己的見解是人的一種偏好，一般人都不喜歡自己被別人忽視，都願意發出自己的聲音。

發生了一件事情，我們喜歡議論；看了一部電影，我們喜歡評論；有什麼與我們利益相關的事，我們總是馬不停蹄地說個沒完沒了。如果有人向我們請教，我們更當仁不讓地說三道四。有時，我們偏執到不知安危得失地只圖嘴巴說得快活，給自己惹來殺身之禍——這種例子歷史上舉不勝舉。可是人們不管這些，一有說話的機會（或者一爭取到說話的機會），便又滔滔不絕，眉飛色舞地海談起來。其實，津津樂道口舌之欲，真的不是一件好事。下面我們分幾種情況說明，在很多時候，我們沒有必要發表任何言論。

1、你的見解意在闡明你的某種主張

你明確地表達你的主張，在很多時候和情況下不僅無益，還十分危險。這無異於你把你自己赤身裸體地暴露在他人的面前，讓人們從任何地方都可以明白無誤地攻擊你。這對你的打擊將是致命的，而他人又不會有太大的危險。

雖說直陳你自己，也能為你吸引意氣相投者，也能表明你的一種天地正義；但就個人來說，太暴露自己的確不是上策，它給你自己帶來的益處遠遠小於它將給自己帶來的禍害。因為人群複雜，魚龍相間，把自己置身在不明底細的環境中，自己在明處，人家在暗處，你哪能佔到什麼便宜呢？而且從哪裡飛來的禍害或什麼人將與你作對，你都渾然不知。因此，在一個不明根底的場合中，輕易地暴露你的身分、主張和想法，這是十分危險和不明智的。要學會含而不露，模糊主張，這樣才能減少樹敵，爭取更大的外圍基礎和內圍力量。

2、你的見解意在讚賞他人的觀點、身分、主張及其他

讚賞他人，雖說不會讓他人直接反感，但讚賞的方式和內容也智愚有別，使用的場合不盡相同也言而有別。因此，讚賞他人也並不一定就能得到他人的讚許和好

感。比如你水平太臭，對人家的讚美誇錯了地方，猶如拍馬屁拍到了馬蹄上。

又如你身分太低，見識太少，你把對一個司令的讚賞，用了連排士兵的讚賞標準（甚至你根本沒有資格對一個遠遠在你身分之上的大人物誇獎褒譽）。這些，都會使人接受不了你的讚賞，甚至會反感你的讚賞。誰知道自己有沒有讚賞他人的水平和資格呢？看來誇誇別人，也不是隨口就能做到的。而且，讚賞也表明了你的一種態度，會與你的意見相左方結仇。

3、你的見解意在反對他人的觀點、身分、主張及其他

反對他人，當然不會有人感謝你了。一般的人，哪有虛心待人的氣度呢？如果你有，你也不會言之鑿鑿地諷刺他人了。不僅從胸懷上看，人大多接受不了他人的反面意見，而且還有很多實質性的問題，不可動搖的基礎問題，如立場、原則、利益、主張等，它們不是幾句空洞的言辭就能改變的。再堂而皇之的意見，再擲地有聲的意見，一遇上它們就發揮不出什麼作用了。

不僅他人如此，你也不可能例外。只是你在給他人提出反面意見時，你可能並不是正經八百的；相反，你只是一時熱情，一種見解，並沒有太深的考慮和什麼利

益攸關的地方，只是隨便說說，隨口而出，談不上善意，也絕沒有惡意。但是人家聽話時，就不是你這種樣子了。人家可能十分反感，十分在意。你的話也會對環境和輿論起到一定的影響。因此，人家更會記恨在心，試圖報復。

這樣看來，如果你和他人沒有某些根本上的、實質性的矛盾，你不可以隨口胡亂批評他人。因為你是無心的，無目的的，太隨意的，而他人卻並非如此；他們是有心的，認真的，記仇的，會報復的。從你說話對他們的不利影響來看，他們這樣的反應似乎也不無道理。

4、你的見解說得很好

你的見解說得很對，也不一定能引起別人的好感。這裡面還有很多因素在左右著人們的感情和是非選擇，如批評對象的氣度、受教育程度、批評時的場合、批評產生的影響等。這還沒有把批評對象的階級立場和利益關係考慮進去，如果考慮進去，那就更複雜了。

人們對真理和是非的判斷，從來沒有相同的判別標準和尺度。對同一事物，人們往往會作出截然相反的論斷和選擇。不同立場上的人，完全沒有相同討論的可能性。把那些最有寬容精神的學者、知識分子、藝術家等人包括進來，他們也沒有根本上的公理包容性，只有極少數的人例外。而你面對的那些人，連那些有寬容精神的人都不如，他們哪能和你心平氣和、天地為公地討論是非得失呢？你們根本沒有可討論的是非得失、天地公理。因此，即使很高明的見解，也不一定要對人說。有告訴別人的衝動，實是一種城府有限、境界有限的表露。

5、你的見解說得不對

你的見解說得不對，那就更沒必要對人說了。人家會十分輕視你、蔑視你，把你當個傻瓜看待。為什麼非要把你淺薄的東西或地方暴露在大庭廣眾之中呢？這是十分不必要的。而且，由於你的見解謬誤，人家會加重對你攻擊人家的看法，認為你不懷好意，是個十足的敵人。你有心如此，倒也沒有什麼。你無心如此，那就非常划不來了。回頭想想，對懂得你道理的人，有什麼說的必要呢？對不懂你道理的人，說了又有什麼用處呢？

在生活中，不表達什麼，也是一種策略，一種智慧，也是一種境界，是超越人間是非和人的認識有限性的一種豁達和徹悟。

07 不可不知的交談原則

語言是一把雙刃劍，用好了，既能提升自己的形象，又能愉悅別人，密切彼此的關係；用不好，則傷人害己，後患無窮。因此，說話的技巧不可不學；與人交談的基本原則不可不懂；以下幾點建議，不可不看。

1、不獨佔談話時間

在與人談話時，口齒伶俐雖然是件好事。但是，如果獨自一人滔滔不絕地大發議論，可就不恰當了。如果非得長篇大論時，至少也得讓聽眾不會感到枯燥無聊。只有這樣，大家才會樂意地只聽你發表高見。

即使如此，也還應盡可能地做到長話短說，因為畢竟，談話是不該一個人唱獨角戲的。你總不希望自己一個人霸佔了所有人的時間吧！尤其是在場所有的人均有能力支配屬於自己的時間時，你更應該謹守本分。

我們常能看見一個人獨自講得口沫橫飛。但是，這種人往往可憐得很。因為他為了施展自己的演講才能，在大眾不耐煩聽下去的情況下，他不得不強抓某個人——通常都是那些最少開口的人，偶爾便是鄰座，和他悄聲交頭接耳，以繼續他的談話。這是相當不明智的舉動，也常常招致別人的厭倦。

2、因應不同的對象，選擇不同的話題

談話的內容，應該盡可能選擇在座人士喜歡聽的話題，或是聚會的主題。如果盡說些歷史、文學，抑或是外國的事，倒不如談些天氣、服裝，或東家長西家短的，更能引起別人的響應。偶爾也需要談些詼諧的話題，雖然內容不見得有任何意義，但是在不同類型的人們聚會時，作為共通的話題，可以活躍氣氛。尤其是在談判時，由於時間拉長，將使氣氛越發的險惡；如果能談些輕鬆的話題，必能將層層的陰霾一掃而空。在這種場合，如果爆出幾句俏皮話，並不是一件不恰當的事。

要迎合不同的對象來改變話題，這是無法經由他人的教導而得的經驗。道理很簡單，若是老使用同樣的態度，談同樣的話題，豈不是很蠢！

政治家有政治家的話題，企業家們的話題又有所不同；當然，女性們也有屬於她們自己的話題。如果是人生經驗豐富的人，必然能極力迎合對象，有如變色龍般地變換顏色，選擇話題。這並非是世俗的態度，也不是卑賤的態度。換言之，它是建立良好的人際關係所不可或缺的技能。自己無須去扮演各種場合氣氛的營造者，只需配合週遭環境即可。

最好能留意現場的氣氛，時而正經八百，時而粗獷凶悍，若有必要，瘋癲一場亦無不可。應該盡可能避免會引起對立意見的話題。在意見相左的團體裡，若是不慎丟下火苗，不久，便會引發一場惡戰。假使談話苗頭不對，唇槍舌劍將會一觸即發，應該盡快機靈地岔開話題，結束不愉快的爭端。

3、盡量少談論自己

在眾人聚會的場合裡，最糟的莫過於將所有的話題都放在自己身上。這點應極力避免。無論是多麼出眾的人物，只要是談論自己，自然而然地腦海中便讓虛榮心與自尊心給盤踞了，如此一來，必將引起眾人的不快。有些人會在談話中突如其來地冒出與別人正在談論的話題無關而只與自己有關的事，結果給旁人落得一個傲慢自大的印象。

有些人則會以自認為巧妙的方式提起自己，例如，大夥兒正在批評某些不正當的行為時，他會洋洋自得地舉出自己的優點來加以比較。如「說這種話是相當可笑的，我是絕不願意說這種話的」，「如果是真有那種事，我也說不出口」，「對我來說，為了自己沒做過的事，而遭受他人猛烈的抨擊，即使是說破了嘴，我也會百般辯解的」之類的話。這樣標榜自己，極易引起別人的反感。

也有人雖然同樣是在訴說自己的事，卻會故意採取低姿態的方式，拚命貶低自己，以博得別人廉價的同情與關注。但即使再怎麼怨歎自己的不幸，就算因而取得週遭人們的同情，也是於事無補，徒增煩惱罷了。就如同他自己說的，他真是能力不足，所以什麼事也做不成。別人也無法施以援手。

4、切忌自我吹噓

有些人表面上不露痕跡，巧妙地掩飾了自己的虛榮心與自尊心。但是，當他遭逢挑釁不得不亮出底牌時，便會開始露骨地自吹自擂。你也曾見過這種情形吧！有人一心一意地想聽別人的奉承，於是便先自誇自耀。和自己沒多大關係的事也一一拿來吹噓，說自己是某某偉大人物的後裔或親戚，彷彿自己也是一代名人般。他的祖父是某某人、伯父是誰、親友是幹什麼的……不停地背著家譜。就算他所說的全是事實，又如何？這樣就能證明他自己的偉大？事實恐怕並非如此！這樣做並無法獲得預期的效果，旁人對自己的評價反而會一落千丈。選取與本質全然無關的事物，大肆地吹噓，只會暴露自己少內涵的缺點罷了。

5、別人不願聽的話不要說

年輕人初入世，說話宜少不宜多，宜小心不宜大意。和人交流時，對方願意聽的話，才能說；他不願意聽的話，還是不說為上。所謂不願意聽的話，也有種種：老生常談，他是不願意聽的；一說再說，耳熟能詳，他是不願意聽的；與他的心境相反，他是不願意聽的；與他主張相反，他是不願意聽的；與他毫無關係，他是不願意聽的；與他利害衝突，他是不願意聽的；與他的程度不同，他是不願意聽的；有關他的創痕，他是不願意聽的；有關他的隱私，他是不願意聽的；而別人最不願意聽的，是尖銳鋒利而又刻毒的話。

應該特別注意的是，對於他人的醜聞，自己不可熱衷，更不應加以傳揚。或許在座的某些人會表露極大的興趣；但是，若冷靜地想一想，這種行為絕對是有百害而無一利的。如果是無中生有的中傷，更會對當事人造成莫大的傷害。

以上講述的只是與人交談的基本原則。這些看似簡單，卻不能不引起我們的重視。否則，就可能因「失言」而後悔，甚至造成巨大的遺憾。

08 不說那些惹人怒的話

人都有喜怒哀樂悲恐驚的情感，因而表現在言語上則是冷熱無常，語調各異。人在情緒失控的狀態下，容易口無遮攔，失去分寸，說出一些讓人生氣、惱怒的話來，這樣，不但有損於人與人之間的友好關係，更重要的是會大大影響辦事的成效，達不到交際目的。

因此，在日常生活中與人交往時嬉笑怒罵要小心點，尤其要注意如下幾點：

1、傷人的話不能說

人都有不平之氣，對方說話，你覺得不入耳，千萬別以眼還眼，以牙還牙——那樣總有一天，你會成為大眾的箭靶子。所以，說話尖刻，足以傷人情，最後的結果，卻是傷了自己。因此，對尖刻的話，不妨充耳不聞，對方的行為，你覺得不順眼，不妨視而不見，何必過分認真，一定要報以尖刻呢？與你無關的固不該予以反擊；即使與你有關的，也應該淡然處之。何況對方的說話行為，如能平心靜氣地思考一下，也未必與你有大不利，又何必斤斤計較呢？

2、嬉笑怒罵須有資格

對人說話，理論上應該用正言，而在一般人情上，卻是正言難入，尤其是偏見很深的人。你規規矩矩向他陳述對於某問題的意見，希望他採納，相當不容易；如果你和他爭辯，更易弄得面紅耳赤，不歡而散。然而，若是不說，這個問題就不能及早解決。你與他關係較深，或者為了你的地位關係，在人情上不容坐視，那麼在迫不得已的時候，或許可試用嬉笑怒罵的辦法。

嬉笑怒罵，本非說人的正道，同時也要有一定的資格：第一，彼此私人交情素來很好，從無絲毫芥蒂；第二，你的為人，他很明白也很器重；第三，你的地位較高。具備這三條資格，才可一試嬉笑怒罵的手段。

所謂嬉笑怒罵，當然要借題發揮指桑罵槐，並且要不露痕跡，還要旁敲側擊不入正題，要多說反話，做到古人所謂「正言若反」，才算合格。此外，你的口才要好，智慧要好，才能隨機應變。同時，嬉笑怒罵的程度，也要適可而止，不要刺激得太過分；刺激得太過分，易使對方產生反感而憤恨。

3、說笑話要謔而不虐

人的生活，不能過分嚴肅。過分嚴肅，生活便減了情趣，而精神的表現便流於呆板；同時，因為你的呆板，減少了人與人之間的親和力，人家不願與你接近。所以，精神要有張有弛才好。所謂精神的弛，就是有時你要與人有說有笑，說些風趣的話，說些詼諧的話。

幽默滑稽，是調節精神的好方法。一般年老的人，因為少了這一點，整天不苟言笑，所以年輕人便不太與他接近。如果年輕人整天板著臉，顯出嚴肅的神情，老年人也許稱你是少年老成，其實這是你的錯誤。年輕人應該活潑、高興，應該嚴肅時嚴肅，不應該嚴肅時，還是要嘻嘻哈哈，充分發揮你天真的一面。

可是，說說笑笑也不是容易的事。你要說笑話，總不會自己說自己聽，或自己逗自己發笑，一定要幾個人在一起，即景生情，臨時找出取笑的資料。但是問題就在這裡，普通說笑，往往把聚在一起的某人當做對象，利用他的缺失，造成一個笑話；或利用他平常的言行，來製造一個笑話。如果對方與你原是無所不談，你向他取笑，往往會被誤會成惡意，心理上難免發生不快之感；即使彼此交情很深，可是對方氣量狹窄，只能討別人的便宜，不許別人討他的便宜，你向他取笑，他也會感到不大高興。而且，取笑也要有個分寸。在分寸以內，大家歡樂；超過了分寸，便會搞得不歡而散了。

一個人最好是能說笑話，但說笑的題材最好不要取材於聚在一起的人，而要取其他方面。比如，拿眼前某種事或物來做說笑話的題材，不牽涉到聚在一起的人；或拿最近發生的社會奇聞，做說笑題材；也可以無中生有，臨時編造一個笑話。而笑話的內容，更要針對聽笑話的人所能承受的程度，對有地位、有學問的人說粗俗的笑話，會顯出你的鄙陋；對普通人說高雅的笑話，他們無法領會，不會覺得好笑，可見，說笑也不是件容易的事！

4、有理不在聲高

不能說凡是發怒的人，看法都是錯誤的，而是說他一般不懂得如何掌握表述自己見解的分寸。討論問題的原則是：運用無可辯駁的事實及從容的聲音，努力不讓對方厭煩，不迫使對方沉默而達到說服對方的目的。

要注意保持冷靜和理智。只要你能夠聽我說，我也願意聽你講；如果我們能讓自己專注於問題的討論而不是引向感情用事或固執己見，那麼討論就不至於降格為爭吵。

如果我們的聲音漸漸提高，說出「我認為這種想法愚蠢透頂！」這樣的話來，就是一種傷害他人的反駁了。這時，旁觀者焦慮不安，朋友們躲到樹後面去，也就不足為奇了。為贏得一場爭吵而失去一位朋友，實在是得不償失的事情。

09 忌諱的事絕口不提

《韓非子．說難》篇中曾對龍作了如下描述：龍的性情非常柔順，人們可以和它親近，甚至可以把它作為自己的坐騎。然而，它的喉下有一塊長約尺許的逆鱗，如果有人觸摸了它，那麼它必然會發怒，以致傷人致死。

其實，豈止龍有自己的忌諱之點，世界上每一個人都有自己的忌諱，也就是常說的「短處」。魯迅筆下所描繪的阿Q、孔乙己、祥林嫂都是我們大家所熟悉的人物。他們雖然性格各異，但在他們身上卻有一個共同的特點，那就是都有一處最怕人觸動的「短處」。

阿Q最怕的就是有人說他頭上的疤，誰要是犯了這個忌諱，他準會去找人家拚命，小D就曾為此領教過他的拳腳；孔乙己最怕人揭他的短，揭了他的短，他便漲紅了臉，強詞奪理、竭力爭辯；祥林嫂的忌諱是她曾嫁過兩個男人，這是她精神上最大的負擔和面子上最大的恥辱。她捐過了門檻後，本以為自己變成了乾淨女人，動手去拿供品。但四嬸大喊一聲，使她舊病復發，精神崩潰了。

人們之所以有忌諱，怕別人揭自己的短處，說穿了是自尊心問題。怕臉面上過不去。所以，你若想獲得朋友，就一定不要觸動他們的短處。

古代有一則故事，說的是有一個叫魚子的人，生性古怪，對人尖酸刻薄，總好揭人短處並以此為樂事。有一天，朋友們坐在一起吃酒，其中一個叫吳醜的因老婆管得太嚴厲而不敢多喝。魚子便吵吵嚷嚷地說：「你們知道吳醜為什麼不敢吃酒嗎？是他的老婆管教得太嚴了。有一次，吳醜喝醉了酒，還被老婆打了幾個耳光呢！」吳醜被魚子當眾揭了短處，惱羞成怒，拂袖而去，大家不歡而散。

生活中像魚子這樣的人不乏其人，他們似乎認為，只有揭了別人的「短」，才足以證明自己的「長」，以此來獲得心理上的滿足。孰知，這樣的結果只能使人們對他們避而遠之。

俗話說：「當著矮子不說短話。」對於個頭低矮的人，最好是不要提及「短」、「小」以及「木墩」、「武大郎」等與矮小相聯繫的話語，免得他由多心而傷心；對於犯過罪、判過刑的人，最好不要提及「監獄」、「罪犯」等與他的忌諱相關聯之事。否則，他會認為你在指桑罵槐。

若以我之長，較人之短，則會目中無人；若以我之短，較人之長，則會失去自信。這是人際交往中尤要注意的一點。

進可攻，退可守：

不廢話，助你成功

第三章

會說話，助你成功

01 跟成功者混在一起

中國人很喜歡「圈子」，因為中國人更看重「人情」，有「關係」總比沒「關係」混得要好。儘管這也許並不是什麼值得驕傲的事，但傳統的力量仍然是強大的。

其實，在全世界範圍來講，圈子的界限都是普遍存在的，舉一個最簡單的例子，一個富家小姐很少會愛上路邊無所事事的窮小子；而王子愛上灰姑娘的故事不過是美麗的童話，因為他們屬於不同的圈子，相差太大。

人總是喜歡和「圈子」裡的交往，因為每個圈子都有自己的特性。通俗來講，就是雞找雞、鴨找鴨，門當戶對。生活背景相差太遠的兩個人，相處起來會困難得多。所以，要結交朋友，獲得讓自己活得更好的機遇，應該學會打入那些你敬仰的、你認同的、你渴望成為的人的那個圈子。

我們尊重人權，也並不是把人分為三六九等，但你不得不承認，人是有階層劃分的。人們都在自己的圈子裡生活，就形成了一個一個小「格子」，人們通常很難突破他所處的社會階層。這個圈子裡的人大多有共同的職業、共同的地域背景、共同的家庭背景等等，而這個圈子相對封閉，一般不接納那些明顯不同的人，但是並非牢不可破。那麼你若想打入一個圈子，該怎麼辦？

遲威和一群做生意的朋友經常去一家咖啡廳喝咖啡，所以那裡的老闆和他們很熟。每一次遲威和朋友去的時候老闆總是喜歡過來和他們聊天，問他們在做什麼生意、進展怎麼樣之類，還打算入股。可是遲威他們總是把他擋在圈子外面。為什麼呢？其實這位老闆很有錢，但是唯獨知識和修養不夠，一開口說話就很俗氣，但他自己卻毫無察覺，別人聽著暗自好笑，心裡有點看不起他。所以，他就是入不了圈子。我們說，建立一個「關係」，打入一個圈子，需要的不只是金錢，還需要和某一個「圈子」相符合的知識、修養、性格、愛好等多種因素。

想要成功打入更高層的圈子，最直接的就是外表，首先要從外表入手。這裡的外表不是指一個人長得怎麼樣，也不是說一定要穿名牌，而是說一個人整體的精神風貌是不是符合圈子的特徵。這是交往的基礎，也是對他人的一種尊重。我們不能單憑外貌給人下結論，但大多數人都是以外貌來看我們的。所以要注意外表給人的感覺是否舒服、得體。

在不同的場合，要穿著合適，舉止得體。雖然我們都希望自己與眾不同，但同時我們也要學會站在對方的立場想，盡量不要讓自己過於標新立異，要融入和他人共同的生活中，這是一種能力，更是一種待人接物的修養。

為打入圈子，贏得機會，還應不斷檢討自己的過失、提高個人的修養。有一位教育家蘇霍姆林斯基說過：讓你生活中所接觸的每一個人從你那兒、從你的心靈深處得到一點兒最美好的東西。要使自己成為受歡迎的人，使他人願意與你交往，就要讓他人在與你交往時，能伴隨著愉悅的情感。這樣你們的交往才能持久進行，並且很有質量。

換句話說，你要讓別人在跟你交往的過程中感覺到新鮮、有趣、有所收穫、有新發現，這樣才能讓那些成功人士們或者所謂的圈裡人對你發生興趣。而興趣則是進一步建立聯繫、增進瞭解的基礎。怎麼引發別人的興趣呢？不妨來看一個農家少年白手起家的故事吧！

美國有一位名叫阿瑟·華凱的農家少年，在雜誌上讀了一些大實業家的故事，很想知道得更詳細些，並希望能得到他們對後來者的忠告。

他專門跑到紐約，大清早七點就到了威廉．亞斯達的事務所。在第二間房子裡，華凱立刻認出了面前那體格壯實、一副濃眉的人是誰，就主動走過去搭話。高個子的亞斯達開始覺得這少年有點討厭，然而一聽少年問他：「我很想知道，我怎樣才能賺得百萬美元？」他的表情便柔和並微笑起來，兩個人談了一個鐘頭。隨後，亞斯達還告訴他該去訪問的其他的實業界名人。華凱照著亞斯達的指示，遍訪了一流的商人、總編輯及銀行家。

在賺錢方面，華凱所得到的忠告並不見得對他有所幫助，但是能得到成功者的知遇，卻給了他自信。他開始倣傚他們成功的做法。

又過了兩年，這個二十歲的青年成為他學徒的那家工廠的所有者。二十四歲時，他已經成為了一家農業機械廠的總經理。為時不到五年，他就如願以償地擁有百萬美元的財富了。後來，這個來自鄉村粗陋木屋的少年，最後成為了銀行董事會的一員。

阿瑟．華凱在活躍於實業界的六十七年中，實踐著他年輕時來紐約學到的基本信條，即多與成功人士相結交，結果也像那些人一樣成就了自己的事業。

那個一無所有的農家少年憑什麼引起了成功人士的興趣呢？就是憑他不凡的理

想和氣度。如果他畏縮不前、膽怯懦弱，肯定不敢孤身一人跑到紐約追求夢想，也不敢找到亞斯達尋求指點。不用說，一看那副膽怯的樣子，誰會相信這樣的人將來會有出息呢？所以說，贏得別人的尊重，引起別人的興趣，並不在於你的出身是否高貴，也不在於你的財富多寡，雖然這些只是一個方面，但是對於不名一文又想成功的年輕人來說，最值得驕傲的資本就是一個人的勇氣和氣概！

打入一個圈子之後，你還得維持讓自己始終不被這個圈子拋棄。就像前文那個老闆，即使他一時有辦法混進暹威那個圈子，也不會長久保持，因為他們的背景、修養差異太大，是不可能維持長久合作關係的。

人的修養和品味其實都是體現在一點一滴中的。有的人即使受過高等教育，可是待人接物還是一副自私自利、唯我獨尊的樣子；而有的人有可能開始並不顯眼，但是與他相處久了，那種「腹有詩書氣自華」的感覺就會油然而生。所以，一個人內在的氣質和內涵是打入圈子必不可少的條件，也是讓自己始終是圈內人的必要條件。

除此之外，還要努力使自己擁有圈裡人共同的特點，例如，圈裡人都喜歡結伴旅遊，那麼你也要盡量使自己有旅遊的愛好。要有和大家互動的能力，即能夠參加他們的活動，能夠與他們對得上話，能夠志趣相投。打球、登山等社交活動你一定要會並參加。我們當然不可能和他們一模一樣，也不能為了達到什麼目的去迎合他們，只是，必須有和他們持久交往的能力和特點。

打入到成功人士的圈子裡吧！因為在這裡，你可以知曉他們怎樣透過自己的努力實現夢想，你可以知道他們怎樣站在人生新的高度去處理問題，更可貴的是，你可以獲得意想不到的機遇，事半功倍。讓自己成為「圈內人」，成功就會易如反掌！

02 怎樣讓人喜歡你

當然，也有人會說：我很想和富人做朋友，可是我怕他們不喜歡我，就算進入了那個圈子，也會不自在。那麼怎樣才會討人喜歡呢？其實討人喜歡是我們這本書當中一直在探討的問題，也是本書的主旨。成功的人，必然受人歡迎，而受人歡迎的人，必然有其討人喜歡的祕訣。我們可以總結以下幾點。

1、對他人表現出興趣

每個人都渴望受到尊重，渴望受到別人的重視，讓別人認為他很重要。所以當別人講話時，要注意傾聽，表現出你對他所說的話非常感興趣。如果你望天望地望別處，或是玩弄著小物件、翻弄報紙書籍，等等，別人就會以為你根本沒有尊重他，對他的話沒有興趣，自然會有挫敗的心理，對你也不會產生好感。

對別人表現出興趣就是對別人的尊重，就是讓他們感受到自己很重要，還有什麼能讓人更開心的呢？禮遇、知遇，都是尊重別人、有效交往的法寶，而想做到這並不難，也許只是一句話，也許只是一束花而已！

面對一個人的時候，你可以把全部精力集中在對方身上，讓他感受到你的關注。但是在人多的時候，切忌只對其中的一、兩個你熟悉的人發生興趣，你要把注意力分配到所有的人身上；對於那些話說得很少或是感覺不太自在的人，你更要特別留神，找機會特別關照他們一下。你的注意、你的關心對他們是一種尊重和安慰，正好把他們從冷落中挽救出來，知遇之情就油然而生了。

2、表示認同，觀念投合

人們的觀念常常影響和支配人們的心理需求。當別人在交際活動中表現出某些觀念時，如果我們能適當投合這種觀念，表示出自己的理解、欣賞和讚揚，不但會大大強化對方的觀念與選擇，而且會同時增強對方對我們的認同感和默契，從而拉近我們的距離，增進我們的友誼。

安德森是一家木材加工廠的老闆，相當能幹，但他的妻子則更勝一籌，無論是對外公關聯絡，還是內部出謀獻策，都井井有條、當仁不讓。久而久之，安德森覺得自己比妻子低了一個頭感到很自卑，也感到一絲難堪與惱怒。

木材商瞭解到安德森這一心理後，便有意安排了這樣一幕戲：有一天，他趕在安德森之前，在安德森每天必去的咖啡館坐下，等到安德森在旁邊桌的座位坐下後，木材商的搭檔就對這位木材商說：「安德森雖然能幹，但明擺著，主要還是他太太掌舵！」木材商不認同，說：「胡說！像他那樣的工廠，事情那麼多，怎麼能事事親力親為呢？我從側面瞭解過，安德森非常尊重他的妻子，不過是把一些次要的事讓太太去做，他則主要在大事上掌舵。這，就是安德森先生高瞻遠矚、不同凡響之處。與這樣的人合作我最放心了……」

坐在旁邊的安德森無意之中聽到了陌生人對他如此的評價，立即對這位陌生的「辯護者」產生了極大的好感。他立即讓侍者把那位木材商朋友請到他座位前，請他喝了一杯咖啡。結果雙方越談越投機，大有相見恨晚之感。毫無疑問，最後就是這位木材商如願以償地得到了他期望的合同。

安德森對自己並不比太太能幹始終耿耿於懷，而木材商就抓住了他這種心理，表示了對安德森做法的理解和認同，結果獲得了安德森的欣賞和感激，同時也得到了商業上的回報。

3、適應別人

人的本性如此：跟自己趣味相投的人在一起就舒服、話多得很，一遇見趣味不投的人就感到彆扭、不想開口。

所以，要贏得別人的好感，還要學會去適應別人，主動接近別人。就像有人問：「有什麼好辦法對付那些討厭的人來家裡嗎？」回答者說：「當然有，當門鈴一響，我迅速穿衣戴帽去開門，如果遇上不喜歡的人，就說實在對不起，我有急事要出去；如果是喜歡的人，就說太巧了，我剛下班回家。」這種隨時調整、看人說話的方式不就是靈活交際的手段嗎？

人的脾氣、秉性各不相同，在談話中應多留意別人，重視別人的口味。有的人喜歡講大道理，有的人喜歡高談闊論，有的人喜歡娓娓而談，有的人喜歡深思，有的人拙於應對，你都要能調節自己去遷就別人的興趣與習慣。

滿腹經綸的，讓他盡情地炫耀；守口如瓶的，就由他吞吞吐吐；失意的，多給予一些安慰與同情；軟弱的，多給予一點鼓舞和激勵。假如對方對某一個問題發生特別強烈的興趣，就讓他在這方面暢所欲言；假如對方對某一個問題不想多談，就及時轉換話題，不要哪壺不開提哪壺。這是交際中一個重要的原則。

富人也是人，成功人也是人，圈裡人也是人。大家都是一樣的，沒有誰高人一等或是有特異功能，所以要想讓別人喜歡你，讓圈裡人喜歡你，不需要什麼特殊的技巧，只要你做一個善解人意的人，只要你是和他情投意合的人，那麼緣分和友誼自然隨之而來了！

03 你怎麼對別人，別人就怎麼對你

有這樣一個有趣的故事。

一個小孩不懂得見到大人要主動問好、對同伴要友好團結，缺少禮貌意識。聰明的媽媽為了糾正他這個缺點，把他領到一個山谷中，對著周圍的群山喊：「你好，你好。」山谷回應：「你好，你好。」媽媽又領著小孩喊：「我愛你，我愛你。」不用說，山谷也喊道：「我愛你，我愛你。」小孩驚奇地問媽媽這是為什麼，媽媽告訴他：「朝天空吐唾沫的人，唾沫也會落在他的臉上；尊敬別人的人，別人也會尊敬他。因此，不管是時常見面，還是遠隔千里，都要處處尊敬別人。」

賽涅卡曾說：「想獲得別人的喜愛，就得先去喜愛別人。」的確，當我們表達出「我喜歡你」的良性信息時，對方也會「投桃報李」，響應我們；當我們真誠對待對方時，對方必將以同理回報。俗話說：「種瓜得瓜，種豆得豆。」把這條樸素哲理運用到社會交往中，可以說，你處處尊重別人，得到的回報就是別人處處尊重

你。

某天，鈺翔要去相親，因為沒有看過對方，擔心她長得太醜，於是交代朋友，十分鐘後打他的手機，這樣他就可以藉機遁逃。

到了約會地點之後，鈺翔發現女方驚為天人，於是心想，等一下手機響不要回就好了。沒想到，美女的手機這時候響了起來，美女聽了兩秒後，對鈺翔說：「對不起，朋友有急事找我，我要先走了……」

這下輪到鈺翔尷尬了！還有一個故事更值得借鑒呢。

有一個光棍，他並沒有什麼嗜好，只是喜歡在睡覺前喝一點葡萄酒自娛。然而，他發現這幾天有人偷了他的酒，他便懷疑偷酒的是他的傭人，於是就把酒倒出來，再裝入他的小便。但裝入小便後，仍然每天減少。

他很不高興地把傭人叫來，責備了一番。可是傭人卻說：「不，我並沒有偷喝！我是想做味道更香、更可口的菜給您吃，所以我每天燒菜時，都加了一點在裡面。」

從上面兩個小故事中，我們發現一個共同的道理：你怎麼對別人，別人就怎麼對你；你給別人什麼，別人就回報你什麼。

地球是圓的，整個世界都在繞著圈子，不論你傷害誰，就長遠來看，你都是傷害到你自己，或許你現在並沒有體會，但它一定會繞回來。所以，如果你佔了別人什麼便宜，先別得意，很快你就會為此付出代價；反過來，若是別人對你做了什麼，你也無須氣憤，不必去報復，任何他們所做的，他們都將自食惡果。「凡你對別人所做的，就是對自己所做的」。這是歷來最偉大的教誨。

生活中，人與人的關係就是這樣，你今天幫助了別人，哪一天，別人也會幫助你；今天你做了壞事，說不定哪天也會有人在你身上做壞事。

當然，我們不必多麼悲觀。因為當你給予他人時，當你為別人付出時，那個真正獲利的也不是別人，而是你自己。如果你希望交到真心的朋友，你就必須先對朋友真心，然後你會發現朋友也開始對你真心；如果你希望快樂，那就去帶給別人快樂，不久你就會發現自己越來越快樂。

比如，在公車上給行動不便的老人讓個座，在電梯裡幫手裡拎滿東西的鄰居按下按鈕，替忙於工作的同事帶一份午餐……雖然都是再平常不過的日常小事，但換來的一個感激的微笑、一個鼓勵的眼神，總能給你帶來一天的好心情。而且，我們通常所說的「人緣好」，就是從這些點點滴滴開始的。所以的確應該承認，幫助別人不但使人快樂，更重要的是也能夠給自己帶來快樂！

因此，不妨對別人存有寬容之心，不要對別人的過錯耿耿於懷、念念不忘。誰也不是聖人，說話辦事哪能沒有個閃失？如果對方所說的話語，讓你感到不悅耳甚至反感，不妨充耳不聞；假如對方的行為，你覺得不順眼，不妨視而不見。何必過分認真、窮追不捨，非要以牙還牙才解氣呢？如果你犯錯誤的那一天別人對你冷嘲熱諷，你知道那並不好受；對於別人的好意或幫助，也應該懷有感激之情，因為說不定哪天你幫助了他，而他對你冷漠處之，那種感覺也不好受……

幫助別人一點小事，給別人的是便利，留給自己的是快樂。真誠地對待生活，真誠地幫助你的朋友、親人，素不相識的人甚至是曾經傷害過你的人吧！只有以一顆愛人之心去愛這個世界，才能收穫世界對你的愛！愛，才是維護一個圈子長久、和諧的關鍵力量！

04 關係是相處出來的

有句古話叫「鐵打的營盤，流水的兵」，說的就是生活中常見的聚聚散散，悲歡離合。圈子也是一個鬆散的組織，沒有人關心它的實際範圍有多大，也不會特別在意誰新進來了，誰又默默離開了。所以社交的圈子更靈活，也更像一盤散沙，一旦維繫圈子的那股力量不見了，大家便樹倒猢猻散，不見蹤影了。所以，對於人際關係來說，建立一個圈子固然重要，維護一個圈子則更重要，否則，辛苦的努力就成了落花流水，無影無蹤了。

人際關係是在交往中建立、發展和深化的，一般來說，我們與人交往得越久、越頻繁，關係就越和諧，感情越深厚。俗話常說，遠親不如近鄰，即使是親朋好友，如果不經常走動，關係也會淡薄疏遠。所以，要保持和諧的人際關係，和一個圈子保持聯繫，維持一個圈子的緊密性，就應該和那些人多聯繫。

鈺誠平時工作很忙，畢業三年來很少和同學聯繫。有一次他想買一台筆記型電腦，正好想起大學同學小舟在一家電腦專賣店當經理，於是就打電話給他，想請他幫忙買一台物美價廉的電腦。不料小舟在電話裡反應很冷淡，簡單敷衍了兩句就說忙，掛了電話。

鬱悶的鈺誠想了好久才明白：雖然和小舟在同一個城市工作，自己這幾年卻一直沒跟小舟聯繫，現在有了事才想到人家，難怪人家態度冷淡。

醒悟以後鈺誠決定立刻彌補自己的過失，多和老同學親近。隔三差五他就會打電話給幾個同學問問他們的生活情況，節假日還經常發訊息送祝福，碰到大一點的節日，他乾脆登門拜訪，再找個餐廳好好聚一聚，一來二去，同學們的感情就變得深厚了，互相之間經常幫忙，關係非常融洽。

關係是相處出來的，不聯繫哪有機會相處？不相處又怎麼會有感情呢？人與人的關係就是這麼微妙，茫茫人海之中，因為共同的學習、工作經歷使我們偶然相遇，這個過程結束之後，大家又天南海北散落四方，如果不經常聯繫，即使當年再鐵的關係也會慢慢冷淡，就像上文的鈺誠一樣，臨有事才想起人家，難免「熱臉貼個冷屁股」。畢業了、調走了、散伙了，也要多聯繫舊人，這樣才能避免讓辛苦培養起來的感情降溫，進而讓彼此都繼續掛念，讓這份情感天長地久。

其實，人際關係說難很難，說簡單也簡單，就是常聯繫，別變得生疏了。不可否認，在這個人情社會，大家都喜歡見到熟人，一是能互相信任，二是能幫忙辦事。一旦感情生疏，互相陌生，說話辦事總覺得彆扭。所以，只有和別人經常走動，經常交往，彼此的關係才會親密融洽，那些平時獨來獨往、臨時才抱佛腳的人，注定最後無人理睬。「有事多聯繫，沒事常走動」，這就是人際交往的基本內容，有這麼幾個竅門，不妨試一試。

1、拋棄矜持，主動出擊

主動出擊是保持關係的第一個步驟，也就是先放棄你的矜持，捨掉你的武裝，向對方展露和平的姿態。接下來就要有實際的做法了。普通的日常寒暄和打招呼看來沒什麼，但如果能長期堅持並加入噓寒問暖、對對方的關心，那麼人際關係便會慢慢發酵。

2、捨得投資，鞏固關係

光是這樣還不夠，因為這只能讓你建立一份普通的人際關係，你必須再加入某些成分，才能把這人際關係鞏固起來。那就要捨得投資。這種投資並不是指你要天天請客吃飯，出手闊綽，而是說要經常觀察、瞭解對方的需要，不等對方開口，你就先替他做，他不只感謝，還會感到驚喜。例如，主動為朋友從國外帶回來一點小禮物，雖然沒多大效用，但別人仍然會非常感動。

共享你的資源，包括物質的、精神的以及人際的。例如，你可以介紹你的朋友給他認識，送他你種的花或你收藏的書，反正只要對方沒有而你有的，便可和他分享。俗話說：「一樣米，養百樣人。」你不必去期待對方是否有善意的回應，但要相信，有付出必然有收穫，收穫今天不來明天自然來到。總而言之，要建立人際關係，不能坐著等別人「送上門來」，而是應該積極行動，打動人心。

3、重情重意，伸手幫忙

人情就是財富。在人際交往中，見到給人幫忙的機會，要立刻「撲」上去，像一隻飢餓的狐狸撲向牠久違的獵物一樣。這樣，就在不知不覺中將你的「人情帳戶」新添了一個正數。

重視情意的觀念可以擴充你的人際關係，會為你日後的發展帶來意想不到的幫助。情意觀念要像金錢觀念一樣，多多益善，這樣才能左右逢源。求人幫忙是被動的，可如果別人欠了你的人情，求別人辦事自然會很容易，有時甚至不用自己開口。做人受歡迎，大多與善於結交人情、樂善好施有關。積累人情絕對是一種無形資本，是人情關係學中最基本的策略和手段。

你看，要是你能做到這幾點，不管是熟人還是生人，都會被你的大度和真誠打動，自然地被吸引在你的旁邊，何愁圈子不穩固呢？

人際關係是跟人相處的事，跟人相處說難也難，說簡單也簡單，只要你有人情味兒，就讓別人覺得值得跟你交往。人情味跟金錢、地位、權利都無關，只要你做到真心真意，將別人真正放在你的心裡，常常聯繫，就可以維護你的圈子。

05 不斷提升個人影響力

你每天接觸什麼樣的人，就會對你產生什麼樣的影響，不信嗎？來看看這個故事。

陳阿土從來沒有出過遠門，他存了半輩子的錢，終於參加一個旅遊團出了國。國外的一切都是非常新鮮的，而且他參加的是豪華團，一個人住一個房間。這讓他新奇不已。

早上，服務生來敲門送早餐時大聲說道：「Good Morning, Sir!」他愣住了。這是什麼意思呢？想到，在自己的家鄉，一般見到陌生人都會問：「您貴姓？」於是他大聲叫道：「我叫陳阿土！」

後來連著三天，都是那個服務生來敲門，每天都大聲說：「Good Morning, Sir!」而陳阿土也大聲回道：「我叫陳阿土！」

但他感到很不高興，心想，這個服務生也太笨了吧，天天問我叫什麼名字，告訴他卻又記不住。

終於他忍不住去問導遊，「Good Morning, Sir!」到底是什麼意思。導遊告訴了他，他才恍然大悟，覺得自己真是丟臉死了。

接下來，陳阿土反覆練習「Good Morning, Sir!」，以便下回能體面地應對服務生。

第二天早晨，服務生照常來敲門，門一開陳阿土就大聲叫道：「Good Morning, Sir!」

沒想到那個服務生回答的是：「我叫陳阿土！」

人們總結這個故事說，人與人交往，都是相互影響的，關鍵在於誰能夠更深地影響誰。陳阿土無知者無畏，天天理直氣壯地喊「我叫陳阿土」，服務生倒是有些沉不住氣了，懷疑自己是不是說錯了話，最後向陳阿土妥協，把正確的問候語也改成了「我叫陳阿土」，的確是挺耐人尋味。

想想看，如果你成天接觸這樣的人，說不定就會像那個服務生一樣，連原本正確的事情都改錯了，豈不是犯了近墨者黑的大錯誤？

這個例子告訴我們外界對人的負面影響力有多大，反過來我們也可以理解為，如果你每天接觸更優秀的人，或者說用你的優秀去影響其他人，豈不是會讓別人也「天天向上」？就像那位服務生，如果他腦筋活動一下，想一想這個客人會不會說英語？第一次吃了虧第二次就用漢語打招呼，是不是就會避免這樣的尷尬呢？或者他再聰明一點，每天早上來的時候教這個客人說兩句簡單的問候英語，豈不是會贏得客人的歡心，給飯店也帶來良好的聲譽嗎？

換一個角度來看，人與人的交往是意志力與意志力的較量。你的能量大，你就影響了他；他的能量大，他就會影響你。而能量就是一個人是否對別人產生操控力、影響力的決定因素。

小時候，父母要我們做什麼，即使心裡不願意我們也得去做，因為父母在我們心裡就是權威，就是力量；長大後，我們的力量漸漸強大，父母不再能夠支配我們的意志，我們就開始不聽他們的話，按照自己的意願來行事。這就說明，我們的影響力加強了，父母的影響力弱了。同樣，和別人相處，不是你影響他，就是他影響你，而我們要想成功地成為某個圈子中的人，一定要培養自己的影響力，成為一個核心人物，成為靈魂人物。

亞科卡就任美國克萊斯勒公司經理時，公司正處於一盤散沙狀態。他認為經營管理人員的全部職責就是動員員工來振興公司。在公司最困難的日子裡，亞科卡主動把自己的年薪由一百萬美元降到一千美元，這一百萬美元與一千美元的差距，使亞科卡超乎尋常的犧牲精神在員工面前閃閃發光。

榜樣的力量是無窮的，很多員工因此感動得流淚，也都像亞科卡一樣，不計報酬，團結一致，自覺為公司勤奮工作。不到半年，克萊斯勒公司就成為擁有億萬資產的跨國公司。

一個公司處在了困境中，老闆要挺住，下屬也要挺住，只有這樣，公司才能走出困境。而當公司處於困境時，老闆尤其要身先士卒，做好榜樣，帶給下屬自信與保障。如果老闆自己就先亂了陣腳，手足無措，可想而知，你的下屬能不打退堂鼓嗎？行為有時比語言更重要，領導的力量，很多往往不是由語言而是由行為動作體現出來的，聰明的領導者尤其如此。

亞科卡主動降薪，是一種榜樣的力量，但更多的員工是為其內在的精神所吸引，他們相信這樣不拘泥於個人私利的領導一定會帶領公司走出困境。這種榜樣的力量，是源於偉大的、無私的靈魂的強烈的吸引力。對於領導者而言，果斷的抉擇、得體的談吐、寬容的態度都是必需的，而這些外在的表現都源於內在的修為。只有在內心深處散發著巨大的魅力，才會深深吸引別人，獲得別人的信任和肯定。這種精神一言以概括之，就叫做影響力。

積極的影響力可以讓周圍的人時刻充滿著激情，讓周圍的人時刻相信有堅強的後盾，這種影響力可以化為動力、化為信任，使得一個圈子的凝聚力不斷增強。

不過，影響力尤其是積極的影響力也不是人人都擁有的。一個過分低調、不顯山、不露水的人就很難有影響力。所以，要多表現自己的才能，特別在人多的時候，讓別人知道你是有力量的。

在團隊中要盡量在和他人保持一致的同時，強調自己的與眾不同之處，才能讓自己有能力足以對他們產生影響力。既要學會與各種不同的人打交道，同時也要把不同的人團結在一起。每個人都有自己的個性，而你就要做一個把不同個性的人用共同點聚合在一起的那種人。

當然，也不要過於看重「影響力」，有時候這都是潛移默化、慢慢滋生的，這就要看你是否具有受歡迎的性格和出眾的人格魅力。

李開復說，人人都有影響力，最大化這個影響力就是讓自己對世界、對社會有最大的貢獻。是的，總是把眼光局限在一個小圈子裡，好像只要在這個圈子裡左右逢源就是有影響力，那就太膚淺了。看看那些赫赫有名的偉人：林肯、羅斯福，甚至牛頓、愛因斯坦，名垂千史才是最高的影響力。也就是說，增強影響力不是為了自己的虛榮，而是為了更多的人的幸福。

做一個有積極影響力的人吧，這不僅能讓你的圈子越來越團結，還能讓你不斷增強信心，走向更寬闊的舞臺！

06 要與成功者為伍

「告訴我你和誰在一起，我就知道你是怎樣的人」，這句古老的諺語，揭示出一個深刻的道理，物以類聚，人以群分，看你平時結交什麼樣的人，就可以看出你自己是怎樣的人。

日本有位研究猶太人經商思維和行為習慣的教授叫手島佑郎。三十多年來，他把自己的研究成果寫成了一本書，名為《窮，也要站在富人堆裡》，這本書一下子成為世界暢銷書。在這本書中，他教會年輕人一個道理：你周圍是什麼樣的人，你就會成為什麼樣的人。

據說有一次，手島佑郎應邀來到一所著名的大學來做專題演講。面對人頭鑽動的聽眾，手島還沒講話就有學生提問：

「請教授用最通俗易懂的語言告訴我們，什麼是猶太人的經銷商法？」

「回答你的問題之前，我可以先問你三個問題嗎？」手島說。

「當然可以！」

「有一天，兩個人從很高的煙囪裡同時掉了下來，其中，一個人的衣服很髒，另一個人的卻很乾淨。請問你覺得他們中誰應該去洗衣服？」手島問。

「衣服髒的那個，這還用問嗎？」提問的學生不知道為什麼手島會問這麼簡單的問題。

「錯，因為衣服乾淨的人看見另一個人衣服很髒，以為自己很髒，所以自己跑去洗衣服了。」手島淡淡地回答。

提問的學生一頭霧水，無法理解。

「又一次，這兩個人又從煙囪裡掉下來，仍然是一個的衣服乾淨，另一個的髒。你認為這次誰應該去洗衣服？」手島再問。

「衣服乾淨的那個人去洗。」學生又搶著回答。

「又錯。衣服髒的人覺得上次明明是對方比我乾淨，人家也去洗了。說明我更髒些，於是這次衣服髒的人去洗了。」手島有點幸災樂禍地笑著。

「第三次，這兩個人再次掉進了煙囪，大家認為誰去洗呢？」手島又問。

「髒的。」

「乾淨的。」

「兩個都去洗。」

「兩個都不去洗。」七嘴八舌。

「請問大家，有誰看見過兩個人同時從煙囪裡掉下來？有誰看見會是一個人衣服乾淨，一個人髒？」手島又問。

全場鴉雀無聲。

「既然沒有人看見過這種現象，那麼你們的回答站得住腳嗎？這就是猶太人經銷商法的最高境界。」

其實他的這段小故事就是要告訴我們，周圍的人的行為和思想會對我們產生很大的影響。所以，猶太人認為「窮，也要站在富人堆裡」是一種潛移默化的思維和行為模式。就是你要與那些你想成為的那類人為伍。

你也許深深地愛著自己的小圈子，但是你有沒有想過，如果你們內部的每個人都不思進取、滿足現狀，那麼久而久之，大家就形成一種相互恭維、退步不前的狀態，很難再有新的進步。這時候，你必須要清醒起來，別讓大家低落的士氣影響到你，要向更高的人看齊，找到新的目標。

生活中，你喜歡跟窮人在一起，即使你再成功還是一個窮人。在乞丐中做得最成功也不過是個丐幫幫主；而在富人圈裡的哪怕是富人的高爾夫球童，至少也是沾邊的，並且天天與富人一起，學到的思維和行為方式就給球童奠定了成為富人的基礎。似乎以上的話聽起來有點世俗，也有點勢利，可是如果你總想保持清高，你就最好放棄幸福和成功。

很多人遠離人群，認為別人的所謂成功都是卑躬屈膝得來的；也有很多人懷著嫉妒和自卑的心理，認為或許那些令自己羨慕的人有著什麼不可告人的齷齪事才得以成功，而自己如此冰清玉潔，根本不屑於與之為伍，所以他們從不與「有頭有臉」的人士說話，對他們敬而遠之，認為跟成功者交往就意味著要仰人鼻息。其實這是一種不成熟的心態。

在這個世界上，沒有多少人含著金湯匙出生，也沒有人生來低人一等。而所謂的「成功人士」，在社交過程中也未必一定是尋找與其財富、地位匹配的那類人，他們看重的也許是能夠帶來啟發、富有特質的東西。因此，有智慧的人，非常懂得自己的獨特性，也敢於跟比自己強的人交朋友。在強者面前，他們不卑不亢、謙和自信，既不拒絕強者善意的援助，也能發自內心地為成功者喝彩。實際上，敢於「高攀」，很能體現一個人心理上的積極態勢，而這恰恰是成功者的重要素質。

或許你會把結交比自己強的人，當做是一件很巴結的事。可是如果你總是和一些對自己完全沒有幫助的朋友混在一起，是不是太過於浪費時間了呢？孔子說：三人行必有我師焉。其實，這只是角度問題。的確，在沒有鏡子的時候，你可以用水來看自己的臉，但是如果你手裡已經有了鏡子，何必再用模模糊糊的水呢？

朋友應該具備值得學習的地方，這樣才能彼此進步，建立良好的長久關係。我們應該收起嫉妒心和敵對感，努力結交那些比自己強的人，因為他們身上確實有自己缺乏且應該學習的東西。

與成功者為伍，與他們一起分享成功的經驗，我們就能從他們身上學到很多對自己有益的東西，讓自己盡量少走彎路。同時，他們的精神品質還可以激勵我們更趨向於高尚，激發出我們對事業更大的熱情和幹勁來。這不僅是弱者成功的真諦，更是強者更強的真理。強者向強者靠攏，彼此都是聰明人，一定會激發更多思想的火花，為取得更大的成功增加機率。兩滴水加起來不過是更大的一滴水，但是兩條河卻可以會聚成湖泊。強者們互為臂膀，往往造就出非凡的事業。

由此可知，我們應該和那些見面就抱怨命運對己不公的人減少交往。對社會有諸多不滿的人，不僅自己的前途暗淡，而且也會把這種不滿的情緒傳染給身邊的朋友。我們有必要有意識地遠離這些人，就算他們有別的長處，也要避免被其消極的思想束縛了我們前進的腳步。

積極的人擁有更多取得成就的潛力，並且向四周散發出能量來。只要待在他身邊，你就可以得到力量。要記住這樣一個簡單的法則：週遭有越多幸福積極的人，你的人生也會越順利。

07 求人辦事，態度決定一切

求人辦事，畢竟是有求於人，態度一定要誠懇，話一定要說到，不能求著別人，態度還很傲慢，那事情肯定是辦不成的。

徐志摩還在七歲的時候，就已非常聰明，且在語言及文學方面表現出濃厚的興趣，但到了十五歲，他覺得自己在這方面的學習長進不大，迫切需要一位精於此道的老師來指點他。

聽說，有一位叫梁子恩的人在這方面很有造詣，徐志摩很想投其門下學習，但苦於沒有人從中引薦。巧的是，徐志摩的表舅與梁子恩是同窗好友，於是，他就前往表舅家請求表舅從中為其引見。

但徐志摩的這位表舅一貫是不希望自己的外甥去學這些的，所以不肯幫徐志摩的忙。

在與表舅的一席交談中，徐志摩充分表達了自己的迫切願望。他那誠懇、堅定又略帶哀婉的語氣，以及對長輩的謙恭之情，深深打動了表舅，使表舅覺得此子乃可造之才，最後答應了他，並親自帶徐志摩去梁子恩的家，讓其拜在梁子恩的門下。從此，在老師的輔導和自身的努力下，徐志摩詩歌上的造詣突飛猛進，最後他終於成了一代偉大的詩人。

正是由於徐志摩態度誠懇、感情真摯，打動了表舅，才順利地拜師。這告訴我們，求人辦事時多用商量、委婉、體諒的語氣會更容易被人接受。

其實從人們的接受心理看，盛氣凌人、頤指氣使的命令口吻，最容易引起反感；而對平等商量、誠懇請求，人們總是有一種天然的妥協性。因此，協商的語氣比起傲慢的口吻，更容易對別人產生積極的影響。

有求於人時，方方面面體貼周到是極其重要的。你要考慮，自己的請求會不會給對方帶來壓力？會不會讓對方過於為難？這些難處，你自己首先替別人想到，比他自己本人說出來要更好。把話說得圓滿、滴水不漏、感情真誠，別人也會盡自己的力量來幫你。

「我知道這件事會給您添很多麻煩，但是我也沒有別的門路，只能是拜託您了。

請您多包涵。」

這樣說，對方也會產生將心比心的情感，樂於幫你的忙。

在求別人幫忙時，你若適當地承諾給予對方一定形式的回報，對方會覺得他的付出是值得的，你是真心實意的，也樂意為你做事。

所以，不妨表示願意在事成之後給對方某種回報或口頭感激對方的幫助，即使不能馬上回報，也要承諾在對方需要的時候一定會鼎力相助。有時候，即使你沒有什麼能力和條件回報對方，只要把話說到，表達這種感激的意識，對方也會對你多一分好感。

另外，在求別人幫忙的時候，不妨適當給人「戴頂高帽」。給對方戴高帽、讚美對方會令對方覺得你十分看重他的能力，他的幫助對你來說至關重要，使他難以拒絕。當然，讚美也要恰到好處，不能漫無邊際，變成了肉麻的吹捧，讓人覺得你為了求他辦事，什麼話都說得出來。別忘了你讚美的目的是為了順水推舟讓對方接受你的請求，所以話要說得漂亮。

一個十二歲男孩十分渴望母親能給他買一條牛仔褲，但是他怕遭到母親的拒絕，因為他已經有一條牛仔褲了。

於是他想了想，決定不採取苦苦哀求或撒潑耍賴的方法，而是一本正經地說：「媽媽，妳是世界上最好的媽媽。但是妳看過一個孩子他只有一條牛仔褲嗎？」

這句天真而略有計謀的問話，一下子打動了他母親。母親覺得要是不答應孩子的話，簡直就對不起他了。所以，最後男孩終於滿足了願望。

京亞跟客戶約好要到客戶的辦公室談一筆大交易，京亞感覺很興奮，但是這個客戶在電話裡已經拒絕過他很多次，所以這次見面很可能不過是敷衍而已。京亞一進辦公室，左右環顧了一下，覺得辦公室的設計很與眾不同，便隨口說了一句：「啊，我從來沒見過這麼特別的辦公室，您很有品味啊！」

也許聽到這樣的稱讚太多，客戶只是微笑了一下，說：「謝謝。」

京亞本來以前學過一點設計，之後又稱讚道：「您的門窗和辦公桌的設計是今年世界最流行的三角稜，很前衛、很時尚。看來您一定下了番工夫！」

客戶一聽，喜上眉梢，說：「你知道這個設計？這是我和設計師一起商量決定的。」

京亞說：「您的眼光太好了。」

這下，客戶高興了，連忙請京亞坐下，細細商談，最後生意居然做成了。

就是因為欣賞了客戶的辦公室，京亞成功地求人辦事，達成了交易。

再看下一個例子。

A：小曼，幫我寫一篇演講稿好嗎？

B：我沒空。

A：求求妳了，妳文章寫那麼棒！

B：我真的沒空。

A：幫幫忙吧。我知道妳忙，可是這個忙只有妳能幫，我其他朋友都不會寫這種東西，妳是最佳人選。再說也用不了多長時間，上回妳寫那篇人物採訪，才花了兩個小時，寫這個，肯定一個小時就夠了。寫完我再請妳吃肯德基好不好？

B：好吧！

對對方某些固有的優點進行褒獎，使對方心理上得到滿足，在較為愉快的情緒下，他就會自然地接受你的請求。

另外，求人幫忙時，善於說話的人一定會讓對方覺得他是唯一的或最重要的人選，自己對他是非常看重的。如果讓對方覺得自己不過是替補，是你找不到最好的，只能退而求其次，對方會認為你根本不需要他的幫忙或根本不在乎他的功勞。所以，千萬不要說：「小陳不在，你來幫我好了。」應該說：「你的做事很仔細，幫我一下好嗎？」還要學會激起別人的自尊心、使命感，你要學會鼓勵別人，如「我覺得你辦這事最合適了」、「你做這個事，我最放心」。高帽子戴上了，人們就很難拒絕你，辦事也就順理成章了。

08 巧妙運用激將法

俗話說：「請將不如激將。」在求人辦事的過程中，巧言激將，能夠更好地激發起辦事人的自尊心、自信心，讓他更好地為你辦事。

一個人想推銷保險，就找朋友幫忙。他登門拜訪朋友，第一句話就說：「哥們，你朋友應該不少吧？有能力幫我推銷二十份保險嗎？」然後就用探詢的目光注視著朋友。見朋友猶豫，他就補充了一句：「算了，要是你朋友少，沒法幫忙，我就找其他樂意幫忙的朋友了。」聽了這話，自尊心極強的朋友馬上拍著胸脯就答應了。

這就是激將法的作用。當然，不是每一個人都適合用這樣的方法，它比較適合心直口快、好勝心強的人。一九六〇年，美國富豪約翰遜決定在芝加哥為公司總部興建一座辦公大樓，為此他出入無數家銀行，但始終沒貸到一筆款。於是，約翰遜決定先上馬後加鞭，設法將自己的兩百萬美元湊集起來，聘請一位承包商，要他放手進行建造，好讓他去想方設法籌集所需要的其餘五百萬美元。假如錢用完了而他仍然拿不到抵押貸款，他就得停工待料。

建設開始並持續施工，到所剩的錢僅夠再花一個星期的時候，約翰遜恰好和大都會人壽保險公司的一個主管在紐約市一起吃晚飯。約翰遜拿出經常帶在身邊的一張藍圖，正準備將藍圖攤在餐桌上時，那位主管就對他說：「在這兒我們不便於談工作，明天到我的辦公室來。」

第二天，當他斷定大都會人壽保險公司很有希望給約翰遜抵押借款時，約翰遜說：「好極了，唯一的問題是今天我就需要得到貸款的承諾。」

「你開玩笑吧，我們從來沒有在一天之內給過這樣貸款的承諾。」他回答。

約翰遜把椅子拉近他，說：「你是這個部門的主管。也許你應該試試看你有沒有足夠的權力，能把這件事在一天之內辦妥。」

他微笑說：「你這是逼我上梁山，不過，我試試看。」

他試過後，本來他說辦不到的事終於辦到了，而約翰遜也在自己的錢花光之前幾個小時回到芝加哥。

約翰遜利用激將法，逼迫主管嘗試自己的能力，終於在緊要關頭獲得了貸款。

以激將法說服別人，就是找到並擊中對方的要害，迫使他就範。就這件事來說，要害是那位主管對他自己權力的尊嚴感。約翰遜在談話中暗示，他懷疑那位主管是否果真擁有那麼大的權力。主管聽了這話，感到自己的權力的威嚴受到挑戰，於是就打算證明給他看。激將法在日常交談之中也可以幫我們的大忙。比如對方說幫你時，你佯裝懷疑，表示不相信，結果讓對方做出實際行動來證明。

用激將法求人辦事，應該注意觀察對方的性格。一般說來，一個人的性格特點往往能透過自身的言談舉止、表情等流露出來，快言快語、舉止簡捷、眼神鋒利、情緒易衝動的人，往往是性格急躁的人；直率熱情、活潑好動的人，往往是性格開朗的人，這樣的人最容易被激將。如果碰到傲氣十足的人，激將法就可以轉為正面恭維，讓他飄飄然，因為虛榮、好面子而順從你的意圖。

激將法是從古至今屢試不爽的方法。性格倔強的人，十分堅持自己的想法，這其實就是一種逆反心理，對所有不符合自己的想法的觀念都聽不進去。對於這種人來說，「請將不如激將」，如果正面勸說沒有效果，就反其道而行之，這樣就能順利地達到自己的目的啦！

09 道歉需要掌握的要領

每個人都難免會犯錯誤，與人交往更是不能避免說錯話。如果你的言行舉止出現了錯誤、傷害了他人或者造成嚴重的不良後果，應該及時地向對方承認錯誤，表達自己的歉意，以求獲得對方的諒解和寬恕。那些拒不認錯，始終自我感覺良好的人不會交到真心的朋友。

道歉需要掌握一些原則和要領，但關鍵是態度誠懇、表達及時、方法得當。

1、真心表示自己的醒悟

自己犯了錯誤，心裡不好受，臉上掛不住，想道歉，的確很難。但是，你要知道，不道歉損失更大，也許會失去一個好朋友。當你鼓起勇氣面對現實，不再倔強，真心承認自己的過錯時，你會發現，其實認錯對消除夙怨、恢復感情有很好的效果。

一七五四年，華盛頓還是一位上校，率領部下駐守在亞歷山大里亞。有一次選舉弗吉尼亞議會議員時，一名叫威廉・佩思的人反對華盛頓支持的候選人。據說，華盛頓與佩思在選舉問題上產生了激烈的衝突，華盛頓說了一些冒犯佩思的話，佩思把華盛頓一拳打倒在地，華盛頓的部下一下子都趕了過來，準備替他們的長官報仇，華盛頓當場阻止，並勸他們返回了營地。

第二天早上，華盛頓派人送來一張便條，要求佩思盡快到一家小酒店去。佩思如約到來，準備進行一場決鬥。但令他感到意外的是，他看到的不是華盛頓的槍，而是酒杯。

「佩思先生，」華盛頓說，「犯錯誤是人之常情，糾正錯誤是一件光榮的事。我相信我昨天是不對的，你已經在某種程度上得到了補償。如果你認為這件事到此為止可以解決了的話，那麼請握住我的手，讓我們乾一杯吧！」

從此以後，佩思成了熱烈擁護華盛頓的人。

主動邁出一步，向對方示好，其實也是顯示了自己的氣度，雙方的關係也會更加親密。

2、承擔責任，檢討自己

說一句「是我不對」沒有那麼難，重要的是你要表現出積極悔過的態度，而不是作姿態、走形式。一般情況下，沒有溝通不好的事情。只要態度誠懇、真心悔過，都會得到對方的原諒。當然，勇於道歉、敢於檢討自己是好事，但不必因此就羞羞答答、躲躲閃閃，也不必誇大其詞、一味地自責，甚至往自己臉上摸黑，否則別人不僅不會接受你的道歉，還會覺得你太虛偽、缺乏誠意。

3、不要彷彿是被迫道歉

阿凱的同事有一次說錯一句話得罪了他，阿凱利用一次通電話的機會希望同事能對他有一個解釋。不料，電話裡，同事輕描淡寫地說：「好吧，我道歉。」聽起來毫無誠意，好像是被逼無奈。

阿凱解釋為什麼他會很生氣，可是同事居然冷冰冰地說：「我可以再道歉一次。」還不耐煩地說現在很忙，似乎在暗示阿凱的電話簡直是在小題大做、無理取鬧、浪費別人的時間。阿凱放下電話後，發誓再也不把他當朋友了。

道歉一定要拿出誠意，不要一副敷衍的樣子，似乎是為了搞好關係被別人強迫道歉一樣。那樣事情會更糟，還不如不道歉。

4、及時，不要拖延

如果確實因為某些原因不能馬上道歉，日後也一定要找準時機，並更加誠懇。

著名文學家聞一多先生早年曾經是「新月派」詩人，和魯迅有過觀點方面的分歧。後來他發現是自己錯了，而這時候魯迅早已經逝世。

在紀念魯迅的大會上，聞一多當眾表示自己深深的歉意。他說：「反對魯迅先生的還有一種自命清高的人，就像我這樣的一批人。」他轉過頭去，向魯迅的照片深深一鞠躬，又說，「現在我向魯迅先生懺悔：魯迅是對的，我們錯了。當魯迅先生受苦受難時，我們都在享福。如果當時我們都有魯迅這樣的硬骨頭精神，哪怕一點，中國也不會像現在這樣了。」

這番坦誠、直率的語言，讓與會者報以熱烈的掌聲。如果魯迅先生泉下有知，也一定是原諒他了！

10 不傷他人面子的拒絕法

在社交場合中，我們有求人辦事的時候，當然也會遇到有人求我們辦事的時候。如果你有能力自然好辦，可是如果對方的要求你實在很難滿足，想要拒絕卻也是一件難辦的事。拒絕別人，又不得罪人，有時候甚至是一種奢求。不善於拒絕的人，一次拒絕就有可能得罪了多年的深交，而善於周旋的人，即使天天都在拒絕，卻始終能廣結人緣、游刃有餘。

拒絕的語言是有講究的，一句話可以說得人笑，也可以說得人跳，這就需要掌握語言的分寸。尤其像拒絕這樣不討好的事情，就更要小心謹慎、滴水不漏。

1、沉默不語

當別人請求你時，你可以笑笑沉默不語，別人自然會明白意思。

2、以情動人

小林家突然來了個朋友，說是借錢。小林知道這個朋友是個賭鬼，已經負債累累，借錢給他，一定是肉包子打狗——有去無回。於是小林誠懇地說：「我剛結婚不久，當初結婚時就欠了二十萬塊錢的債到現在還沒還完。再說，這兩年我母親身體也不好，看病花了不少的錢，家庭負擔很重，對你的要求我實在無能為力啊！」話說得如此誠懇，理由如此充分，朋友也不好再說什麼。

3、暗示拒絕

如果有人找你談話，而你不想再談，可以轉動脖子、按太陽穴、目光游移，做出等等漫不經心的動作，向對方暗示，你已經很疲憊或者沒有興致。也可以語言暗示：「找我有事嗎？我正要出去呢。」

4、先肯定後否定

不要一開口就說「不行」，而是要先表示理解、同情，然後再據實說出無法接受的理由，獲得對方的理解。

5、擺出自己的後臺老闆

「我本人是很願意幫助你的，可是這個事情我一個人沒辦法做主啊！這些人事方面的事必須開會討論決定，而且最後要總經理一起簽字才有效，所以你還是先把意見放在這兒，我們日後一定會優先考慮你的問題，好嗎？」說明自己無法單獨做主，還要請「後臺老闆」出面，這樣別人就不會強求你什麼了。

6、為對方另想一個辦法

比如，你可以說：「我真的沒有辦法幫你了。不過我可以向你推薦一個更合適的人。」這樣在拒絕之後馬上給予補償，可以使因被拒絕而產生的不滿和失望的情緒得到緩解，把責任引導到第三方的身上。如果恰好這個第三方比原來的人更令人滿意，這樣的拒絕會更令對方高興。

7、坦言相告

對於有些過分或無理的要求，當自己不能給予滿足的時候，就要坦言相告，如果遮遮掩掩、拖拖拉拉，反倒會讓對方產生不滿情緒。

8、陳明利害，好言相勸

遇到確實無法辦到的事情時，要跟對方講清道理，陳明利害關係，明確加以拒絕，只是口氣上可以更推心置腹。

9、含含糊糊

含含糊糊也就是裝糊塗，給請託者暗示。比如，對方問：「這件事你能不能幫忙？」你可以回答說：「我明天要去參加會議。」

別人約你出去，你可以說：「今天有事要出門，下次我一定去！」其實，誰知道「下次」又是什麼時候呢？

病人向醫生詢問自己的病情：「我的病有康復的希望嗎？」醫生可以說：「你的病確實不輕，不過只要安心養病，配合治療，慢慢會好起來的。」其實，「慢慢」是多長時間，「好起來」有多好，誰也不知道。

含糊其辭的方法可以用在不便明言回絕的情況下，迴避請託人。如果對方是聰明人就能從你的話中感到，他的請託是不一定能得到你的幫助的，只好不再強人所難，再想其他方法。

10、不要過分表示歉意

已經拒絕了別人，事情就到此為止，之後無論是惋惜也好，無奈也好，別人不高興也好，不要為了彌補對方就一個勁地說「可惜可惜」、「下次一定一定」之類的話，否則會讓人覺得虛偽。

11 對不同的人，選擇不同的話題

沒有人會喜歡一個談話只講自己，而不關心別人的需求的人。人們總是喜歡和那些與自己有共同話題、能夠迎合自己趣味的人交往。其實，要與人順利地交談，總結起來，只有兩點：看人和看場合。

1、看對方的性格和性別特徵

對方性格外向、開朗，你就可以隨便一些，開開玩笑，鬥鬥嘴，他會很自然地接受；如果對方性格內向、敏感，你就可以講些適合的笑話，讓他開朗一些，最重要的是表現真誠，可以挖掘對方比較在意、隱藏在內心深處的話題，讓對方覺得你是真正地在關心他。

有的女孩性格外向，個性鮮明，男孩子氣十足，你若跟她談化妝、美容，她也許會毫無興趣，如果談足球、談ＮＢＡ，她可能會興致勃勃。針對不同的性格，你應該學會說不同的話。

同樣說人胖，男性會一笑置之，而女性則可能會把臉拉下來，自尊心受到傷害，這就是性別帶來的差異。所以，同樣的話對男人和女人的作用是不一樣的。說話時，我們就要注意到這種差異，對不同的人說不同的話。

2、看對方的身分特徵

俗話說，「秀才遇見兵，有理說不清」。如果你對一般人擺出知識分子的架子，滿口之乎者也，肯定會讓對方滿頭霧水，更別說會被接受了。要是遇見文化修養較高的人，也不能開口就一副江湖氣，那樣容易引起反感，更無法獲得交往的信任和好感。

3、看對方的年齡特徵

老年人喜歡別人說他年輕，而小孩就不喜歡大人總是說他太小；中年人喜歡別人說他事業有成、家庭美滿，而年輕人就喜歡別人說他有活力，不同年齡層次的人喜歡不同的話題。

如果你要打聽對方的年齡，對小孩可以直接問：「你幾歲了？」對老年人則要問：「您今年高壽？」我們不建議問女士的年齡，但是如果非要問，也可以講究方法，只要問得分寸拿捏好，也不會讓別人覺得唐突、不禮貌。對年齡相近的女性可以試探說：「你好像沒我大吧？」對年齡稍大的女性則可以問：「您差不多三十出頭而已吧？」這樣一來，大家都皆大歡喜。

4、看對方的心理需求

不同的人會有不同的心理需求。如果你懂得一點心理學，就很容易把話說到人的心窩裡。

十九世紀的維也納，上層婦女喜歡戴一種高簷帽。但她們進戲院看戲時也總是戴著帽子，所以老是擋住了後排觀眾的視線。可是戲院要求她們把帽子摘下來，她們都置之不理。某天劇院經理靈機一動，說：「女士們請注意，本劇院要求觀眾一般都要脫帽看戲，但是年長一些的女士可以不必脫帽。」此話一出，全場的女性都把帽子脫了下來：哪個女人願意承認自己老啊！劇院經理就是利用了女性愛美、愛年輕的心理特點和情感需求，順利地說服了她們脫帽。

5、自己人和外人的場合

如果場合中全都是自己熟悉的朋友，那麼說話就可以推心置腹、天南海北、無所不談，甚至一些放肆的話說出來也無傷大雅；但是如果在場的都是交往不深的人，就要控制一下自己，不可肆意妄為，辦事情也要公事公辦，不要不分對像亂套近乎。如果在比較隨便的場合，我們可以說諸如「我順便來看看你」這樣的話，可是如果在比較莊重的場合說「我順便來看看你」，就顯得不夠認真。

6、喜慶和悲痛的場合

說話應該和場合中的氣氛相協調，不能在喜慶的場合說些喪氣話，也不能在悲痛的時候說什麼喜慶的事，讓人心裡彆扭，甚至惱怒。

7、說多說少也看場合

話該說多還是該說少，也有講究。對方如果很忙，時間很緊張，跟他說話就要簡明扼要；如果不知趣、自顧自地海闊天空，別人已經在頻頻看錶了，你還意猶未盡，就讓人尷尬了。

如果在一些應該發表看法和見解的場合，你卻惜字如金，半天不說一句話，或者只是草草講幾句就了事，也難免讓人覺得索然無趣。所以，要根據不同的場合來控制自己說話的長短。

12 互動交流，巧妙提問

交流永遠是互動的，如果只有一個人說話，永遠都算不上是交談，更談不上是得體的交際。所以，有效的互動，你一言我一語才是交際成功的前提。為了能達到讓自己說，也讓別人說，自己掌握和控制談話，你就要學會提問。有效的提問可以促進交談，使雙方的表達更加順暢。一個得體、恰當的提問應該能引起對方積極的回應和愉悅的情緒。不過，別小看了提問，我們當中很多人其實並不懂得如何提問。我們來看看下面的幾個例子。

例一：

雲雲生了孩子後就當了全職媽媽，在家裡相夫教子。每天丈夫下班回來，為了表示對丈夫的關心，她都會關切地問一句：「今天怎麼樣啊？」

丈夫會冷淡地回應一句：「還好。」

接下來，兩個人似乎都失去了表達的欲望。

例二：

小凱在一次聚會上碰到了年輕的護士小曼，並對她產生了好感，想和她好好攀談。小凱說：「小曼，妳覺得醫院和診所的薪資有很大的差距嗎？」

小曼頓時不知道該如何回答他，只好尷尬地說：「啊……這我也不太清楚。」

例三：

冰冰第一次和男朋友約會，想表現得有主見，所以當男朋友想去吃飯時，她馬上提議：「我們去那家韓國料理吃，好不好？」

「好吧……」

例四：

阿強對新認識的朋友說：「我一點都不喜歡看籃球比賽。你呢？」

「……」

不知道你是否察覺到以上幾個例子中，提問的方式是否有問題？我們來分析一下。

首先在第一個例子中，雲雲的問題太寬泛了，丈夫似乎只能回答簡單的兩個字或一句話，兩個人沒有形成有效的互動。而且，「今天怎麼樣」這樣的問題聽上去就像是隨口問問，不是真的想瞭解什麼情況，所以回答也往往是套話、敷衍。要丈夫每天都要回答這樣的問題，他一定會感到厭煩。

再看看第二個例子。小凱的提問實在是太複雜了。這樣的問題讓小曼需要很多精力和時間來回答，在初次見面的時候一般人不會有這樣的耐心去回答這樣的問題。

第三個例子。冰冰提出的是一個典型帶有引導性的問題，對方似乎只能同意她，而不是能跟她商量。這樣的例子還有：「每天晚上看兩個小時電視就夠了，你說呢？」「已經很晚，你就不要出去了，怎麼樣？」當然，這種問題在有些時候可以是一種建議，但不太適合對不太熟悉的人提問。

第四個例子。阿強的錯誤在於，當別人還沒有表達自己想法的時候，他首先就已經表示了不贊同。這樣一來，也阻斷了對方原本可能想和他進行的討論——既然你不同意，那就沒有再討論的必要了。對方會因為沒有表達的機會而感到不愉快。

現在我們提出解決方案。

例一：

雲雲可以讀讀報紙，看看新聞，然後在丈夫休息的時候就他比較熟悉的話題提出一些具體和開放式的問題。

後來，雲雲果然不再向丈夫提出諸如「怎麼樣」之類的問題，而是和丈夫談起了自己小時候愛吃的零食，而這些零食現在已經銷聲匿跡了。雲雲的回憶也勾起了丈夫的無限懷念，兩個人你一言我一語地談了很久，都非常開心。

例二：

小凱也放棄了談論什麼醫院和診所的複雜問題。

「妳說女孩是不是都喜歡成熟一點的男人啊？」小凱試探地問小曼。

「誰說的？也不一定啊！成熟的和不成熟的各有各的好。」

「哦？能具體說說看嗎？」

這時候，小曼開始滔滔不絕起來。

例三：

冰冰意識到自己過於想表現自己的控制欲。她改正了。

「我喜歡吃燒烤，你喜歡吃涮肉，不然我們這次先聽你的？下次再聽我的，好嗎？」

男朋友很高興，連忙說：「不用啦。這次就先滿足妳的願望吧！」

例四：

阿強也反思了自己的失誤，心想自己應該在問明白對方的想法之後再表達不同的意見。

「你很喜歡看籃球比賽嗎？」

「是啊。我覺得年輕人一般都會喜歡的。」

「哦。看來我恰恰不是『一般』的年輕人中的一個了，呵呵。」

「你不喜歡？」

「是啊。其實也沒有什麼特別的理由，就是沒空看，很少看，連球員的名字也叫不出來，所以最後就沒有興趣看了。」

「哦。原來是這樣。」

提問也要掌握分寸和技巧，不合時宜的提問會引起對方的厭煩；不合適的問題也會招致別人的反感。一個好的交流者必定是一個好的提問者，根據上面的例子，我們可以總結出提問的幾個注意點：

・提問要具體，不要寬泛，盡量能讓對方能用更多的語言來回答。

・提問剛開始要簡單，不要複雜，可以逐步再深入。

- 提問時不要帶有引導性，讓別人除了順從別無選擇。
- 提問時事先不要加以個人意見，尤其是否定意見。

如果能在生活中注意這幾點，就不會因為不恰當的提問而引起別人的反感了。提問是我們交流中的一大部分，在提問中游刃有餘，才能更自如地來往哦！

第四章

善用讚美與幽默的說話術

01 恰如其分的誇獎為你贏得好感

小時候，幼兒園裡每週都會獎勵較優秀的小朋友們，讓他們得到乖寶寶獎勵，得到老師和父母的誇獎；上學時，總有各種各樣的知識競賽、才藝比賽，聰明的學生們總會拿到很好的名次和獎項，得到父母的讚美。可是走入社會後，我們並不是每天都參加比賽，自然也沒有那份成就感了，而且日子越過越平常，也不會有人有什麼閒情整天讚美你，這時，就讓人覺得生活真的很無聊。

推己及人，大家肯定也會有同樣的感覺。善於交往的人總是善於發現別人的需要並加以滿足，這種需要並不一定是物質上的，而往往是精神上的。既然人人都渴望被肯定、被讚美，那麼為什麼不先做一個真誠讚美別人的人呢？

讚美別人很容易，這並不需要他事業有成，這也不需要他作出了什麼不尋常的貢獻。平常人就有可讚美之處：今天誰剪了一個新髮型，看起來很精神？誰說了一句不尋常的話，聽起來很耐人尋味？誰推薦了新的家居裝飾品小店，特別有熱愛生活的活力？這些都值得讚美。

曉萍週末休息去逛商場，很隨意地走進了一家鞋店，鞋架上很藝術地擺著各種精緻的鞋子，非常漂亮。曉萍一眼相中了一雙棕色的小靴子，質地細膩，看起來非常有品味。曉萍拿下來試了試，果真非常好看。當她低頭試穿售貨員小姐拿來的另一隻靴子時，一彎腰，脖子上戴的海豚鏈子滑了出來。

售貨員正好蹲在曉萍面前，項鏈就在她的眼前一晃。她驚喜地說：「妳的鏈子真漂亮，好特別喔！」她的眼睛裡流露出的是真誠的喜悅，是一個女孩對一件精緻飾品掩飾不住的喜愛。

因為得到了她的讚美，曉萍的心情非常愉快，很痛快地買下了那雙價格不菲的靴子。整整一天，曉萍看陽光都似乎明媚了許多。一個陌生人一句真誠的讚美，居然成就了如此美好的一天。讚美的力量如此之大，而讚美的來源卻微不足道，這樣的好事，何樂而不為呢？

人與人之間的親密與和諧，其實只需要一份真誠、一句由衷的讚美。對於初次見面的人，如果能找到合適的點進行一番讚美，那麼兩個人的距離就會很快縮短。

但是如何讚美才有效呢？最好避免以對方的人品或性格為對象，而稱讚他過去的成就、行為或所屬物等看得見的具體事物。如果讚美對方「你真是個好人」，即使是由衷之言，對方也容易產生「才第一次見面，你怎麼知道我是好人」的疑念及戒備心。

如果讚美既成的事實與交情的深淺無關，對方也比較容易接受。也就是說，不是直接稱讚對方，而是稱讚與對方有關的事情，這種間接奉承在初次見面時比較有效。如果對方是女性，則她的服裝和裝飾品將是間接奉承的最佳對象。

琳達和蒙娜的友誼非常深厚，起因是在與她初次見面的那次宴會上琳達隨便說出的一句話。當時，她們倆在宴會上碰面，由於當時沒有適當的話題，琳達就順口說了一句「妳佩戴的這個墜子很少見，非常特別」，想以此掩飾當時的尷尬。

琳達說這句話完全是無意的，因為她根本不懂裝飾品。出人意料的是，這個墜子果然很特別，只有在法國才買得到，正是蒙娜的心愛之物。隨便說出的這句話，使她聯想起有關墜子的種種往事，從此便和琳達成了好朋友。萍水相逢的人由於缺乏瞭解，所以讚美之詞要圍繞一些顯而易見的方面。

讚美陌生人的內容有很多，可以抓住對方一個合適的點來突出它，例如相貌、穿戴以及博才多學、廣見博識、口才過人等這些你能看到的顯露無遺的方面。

得體的讚美並不需要華麗的辭藻，否則就流於庸俗，給人以浮誇、虛偽之感。不如以小見大，於細微之處發現別人身上獨特的地方，這會讓他人由衷地感到高興。

有一次參加一場行業聚會，恩璇與一位陌生女子坐在一起，一時沒有話題可說。但是很快，恩璇就發現這個女孩子雖然談不上漂亮，但是皮膚白嫩、睫毛長而翹，頗有一些動人之處，於是恩璇羨慕地說：「妳的皮膚真好啊，睫毛那麼長，還長得有點像韓國人。」這個女孩子一聽非常高興，兩人開始你一言我一語地交談起來。原來這個女孩子真在韓國留學過，而恩璇正好要學習韓語，居然不費工夫就找到了一位「老師」。

從細微之處讚賞對方的與眾不同之處，讓人從中感受到讚美者的用心和誠意，就可以用真誠打開友誼之門。當你知道如何讚美一個人的時候，就會由衷地接受和學會人際間充滿真誠和善意的讚美，就能給自己營造一個充滿歡樂與和諧的氛圍，也會讓周圍的人不由自主地喜歡你。

每個人都有值得別人讚揚的地方，找到這些值得讚揚的人和事，找到存在於他們身上不經意的魅力，然後——讚美他們！

02 讚美不是拍馬屁

好言一句三冬暖，惡語一句六月寒。西方人總是把讚美的話掛在嘴邊，一見面就會互相稱讚，調節氣氛，增加好感；但是我們東方人，很多人還不善於讚美別人，好像一說讚美的話就顯得虛偽，有拍馬屁之嫌，或者去讚美別人就貶低了自己，成了「長別人志氣，滅自己威風」，其實這都是一種錯誤的觀念。

真誠的讚美是人際關係中的潤滑劑，是對他人的一種認可、一種鼓勵，也只有具有寬廣胸懷的人，才會將自己的心靈付出與別人分享。因此，讚美既不是拍馬屁，也不是貶低自己，而是一個人修養和寬容的心靈展現。

然而，雖然讚美是一件好事，但絕非是一件易事。只有那些善於把握語言分寸和交際氛圍的人，才會說出恰如其分的讚美，讓每一個人都獲得滿足。下面是一些讚美別人的方法。

1、在其背後讚美

羅斯福的一個副官，名叫布德，他對頌揚和恭維，曾有過出色而有益的見解：「背後頌揚別人的優點，比當面恭維更為有效。」德國的鐵血將軍俾斯麥，為了拉攏一個敵視他的屬員，便有計劃地對別人讚揚這部屬，他知道那些人聽了以後，一定會把他說的話傳給那個部屬。

這是一種至高的技巧，在人背後稱讚人，在各種恭維的方法中，要算是最使人高興的，也最有效果的了。你很欣賞某個人時，你可以把讚美他的話跟一個他熟悉的人講，不過多久，你的溢美之詞就會傳到你想要讚美的人的耳朵裡，他會心想：哦，他原來是這麼看我，這麼欣賞我。進而對你產生好感，也會更加信任你的讚美是發自肺腑的。

越喜歡自己的人，我們也會越喜歡他。所以，得知別人的讚美，我們會不由自主地對讚美我們的人產生好感。如果有人告訴我們，某某人在我們背後說了許多關於我們的好話，我們會不高興嗎？這種稱讚，如果當著我們的面說給我們聽，也許會使我們感到虛假，或者疑心他不是誠心的。而間接聽來的便覺得悅耳，因為那是別人聽到的確切稱讚。

2、從否定到肯定

很多人在讚美別人的時候只是平鋪直敘，效果有限。如果嘗試採取從否定到肯定的讚美方法，也許效果會好得多。如一般的評價是「我佩服別人，也一樣佩服你」，從否定到肯定的評價則是「我很少佩服別人，你是例外」。

3、借別人之口

借助別人之口，間接地讚美別人是非常有效的讚美手段，它會使人相信，你是真心實意地，也是非常發自內心地認可他、欣賞他。

在聚餐的時候，你碰到以前的同學，這位同學事業有成，春風得意，你要是說：「你現在這麼有錢，身邊肯定有不少女孩子吧。」這話不但顯得你沒有內涵、修養，還可能引起誤會，似乎你在暗示自己喜歡他。不妨這樣說：「聽說你剛開了一家公司，大家都說你能力強。恭喜你啊！」

你用別人的話來帶出你的讚美和鼓勵，這樣不但能明確地傳達你的意思，還能使對方自然而然地接受讚美。

4、贊其得意之處

投其所好的讚美方式一般很適合於一些心高氣傲的人，他們大多看重自我形象，感覺良好。如果對其業績、學識、才能等給以實事求是的讚美，使其榮譽心、自尊心得到滿足，就可以從心理上縮短距離，同樣能進行良好溝通。

但要恰如其分地讚美別人是件很不容易的事。如果稱讚不得法，反而會遭到排斥。為了讓讚美恰到好處，必須盡早發現對方引以自豪、喜歡被人稱讚的地方，然後對此大加讚美。在尚未確定對方最引以自豪之處前，最好不要胡亂稱讚，以免自討沒趣。試想，一位原本已經為身材消瘦而苦惱的女性，聽到別人讚美她苗條、纖細，又怎麼高興得起來呢？

5、稱讚其不被人注意之處

常言道：「好話聽三遍，聽了鬼也煩。」大家總是很容易注意到別人的一技之長，讚美其專長的人自然最多，如果你還要再「錦上添花」，那就顯得可有可無了。

不如換個角度，更仔細地觀察一下對方一些不被人注意，可是他本人其實很在意的地方。

6、反其道而行

其實，在平時的嬉笑怒罵中，我們同樣可以稱讚別人，只不過這種表現方式比較特殊罷了，但是它的效果卻能讓人馬上笑逐顏開。如果我們跟對方交情甚好，嬉笑怒罵來讚美的方式是最好不過了。特別是男人之間，不拘小節、慷慨大方的讚美法最恰當不過了。

7、在眾人面前讚美

人家說，批評要在私底下批評，而讚美卻要在眾人面前稱讚，要讓周圍的人都知道你十分欣賞和肯定他的所作所為，讓周圍的人都不得不一起稱讚他，滿足他的榮譽感和虛榮心。

03 讚美別人需要注意的事

儘管我們都知道讚美的必要性，自己也嘗試著對別人進行讚美，但是好像還是生硬、刻意，不得要領。這就需要我們在表達方式上進行改進。只要態度真誠、語言恰當，讚美都會受到良好的效果。

1、態度真誠和謙虛

讚美首先要發自內心，絕不可帶有目的性，甚至為了博得好感而刻意去稱讚。只有真心實意地讚美才能顯示出你對別人的欣賞和重視，更顯示出自己寬廣的胸懷和大氣的精神。

人總是喜歡奉承的，即使明知對方講的是奉承話，心中還是免不了會沾沾自喜，這是人性的弱點。換句話說，一個人受到別人的誇讚，絕不會覺得厭惡，除非對方說得太離譜了。

2、用詞得當

一些剛剛步入社會的年輕人沒有太多社交經驗，他們總喜歡用從電視上學來的那些詞語來作為讚美之詞，諸如久仰大名、如雷貫耳、百聞不如一見、生意興隆、財源廣進……這些話聽起來實在是味同嚼蠟，別人聽了也會感覺你缺乏誠意，說的不過是隨便客套。

如果語氣、神情沒有掌握好，更會讓人懷疑你拍馬屁、另有所圖。

3、讚美點要恰當

小柯先天禿頭。

一天，大家在一起聊天，得知小柯的一篇文章在雜誌上發表，小陳快嘴說道：「小子，真有你的。真是『熱鬧的馬路不長草，聰明的腦袋不長毛』啊！」

小柯一聽，心想：你這是誇我，還是罵我啊！

讚美他人的動機都是良好的，但是如果不把握好讚美的分寸，把一些不適合讚美的點也拿來稱讚，那就適得其反了。

4、指出你具體稱讚的理由

這一點很容易理解，例如說：「妳真漂亮！」不如說：「妳今天穿上這件粉紅的套裝顯得皮膚特別亮，特別好看！」我們再看看下面兩個對比。

你真是一個好人！……你經常幫助別人，心地真好！

我很喜歡妳的鞋。……這雙鞋很配妳的裙子！

這樣表達讚美非常具體可信，讓人覺得你是真的欣賞他的與眾不同。人都有自動把局部誇大為整體的特點，因此，讚美的時候只要從某個局部、某件具體地事情入手就可以了，其他的工作對方會自動完成，而且局部、具體的讚美會顯得更真誠、更可信。比如某人工作出色，那麼表揚的時候也要指向具體的事情，「小張在這件事上表現出色」，而不是泛泛而談。

5、在讚美之前稱呼對方的姓名

每個人都很在意自己的名字。你若能在讚美之前強調他的名字，對方會覺得你的讚揚是專門針對他的、是發自內心的。

- 你的新髮型特別適合你——小敏，妳的新髮型真的好適合妳啊！
- 我覺得你的個性真好，開朗又單純——小敏，我覺得妳的個性真好，既開朗又單純。

看吧，加一個稱呼，感情的成分非常濃厚，讓人心裡特別感動。

6、作善意的比較

善意地將對方值得稱讚的地方和別人進行比較，顯出對方的與眾不同和出色，讚美的效果會更好。

- 小曼，我們這裡就妳的舞跳得最好，妳是怎麼練的啊？
- 小曼，妳三次都考第一名，真是太厲害了！

這樣的稱讚，別人聽了心裡一定會樂開了花！

7、不要說外行話

讚美是對他人的認可和肯定，因此，在讚美時不能說外行話，要慎重選擇讚美的角度，不要不懂裝懂，落人笑柄。

有個年輕人本不懂詩，但是一個偶然的機會，他有幸遇到了一位詩人。年輕人趁機恭維道：「您的詩寫得真好，我讀了好幾遍也沒有讀懂。」其實，他可能是想說詩很有意境，讓人只可意會很難逐字逐句言傳。

這位詩人一聽就生氣了：「呵呵，既然讀不懂，您又怎知它好在哪裡？」之後，便不再答理年輕人。

對一個人進行讚美，是對其優點、水平、成績的賞識和稱讚，因而稱讚者自己也要具備一定的水平，否則就不要隨便讚美。讚美別人時說外行話，既不能達到讚美的目的，又暴露了自己的無知，很容易被大家嘲笑，也會讓別人認為你是為了讚美而讚美，根本沒誠意。

8、稱讚的頻率和熱情度不要過高

不要以為讚美之詞就是用褒義詞拚命去稱讚或鼓勵他人，語言用得越美越好。讚美要求的是一種感情的自然流露，不是讓你作報告、作演講，用不著極力渲染和誇張。讚美是講尺度的，不要天天千篇一律地稱讚別人，否則別人會認為你不過是拿他開玩笑。再好的東西天天吃也會膩的，就是這個道理。

也不要見人就滿口稱讚，措辭過於誇張，把人誇到天上去，讓被誇的人自己都汗顏。這樣很難讓別人信服，反而會反感你的虛情假意。

讚美有時候就是美麗的謊言，首先要讓人樂於相信和接受，更不能把傻孩子說是天才一樣的離譜；其次是美麗高雅，不能俗不可耐、低三下四，糟蹋了自己，也讓別人倒胃口；再者便是不可過白過濫，毫無特點。

不過，還要強調一點，讚美的話語一般來說都是善意的，即便溢美之詞，也大多是好意，效果通常不錯，別人也是喜歡接受的。不管怎麼樣，讚美別人都是沒錯的，只需稍微掌握一些方法。

04 忠言不必逆耳

我們在勸慰和批評別人的時候，總是加上一句「忠言逆耳」，好像除了傷害別人才能幫助他之外，我們無計可施。

其實，即使是批評，也可以用動聽的話、用巧妙的方法，並不一定非要「逆耳」，這就要看你高超的口才技巧。人們對於好聽的話，總是易於接受，而逆耳的話，總是引起反感，這是人之常情。誰又不喜歡聽悅耳、動聽的話呢？

忠言不必逆耳，良藥不必苦口。人們津津樂道的逆耳忠言、苦口良藥，其實都是笨人的方法。硬碰硬有什麼好處呢？說的人生氣，聽的人上火，最後傷了和氣，好心變成了冷漠，友誼變成了仇恨。所以，有些話不能直接說，尤其是逆耳的忠告。當需要指出別人的錯誤的時候，不妨拐一個彎，用含蓄的方式來告訴對方，曲折地表達自己的意見和建議。先表揚後批評就是一個很好的迂迴之策。

教育家說：「無論什麼人，受激勵而改過，是很容易的；受責罵而改過，是不太容易的。而小孩子尤其喜歡聽好話，不喜歡聽惡言。」誰都不喜歡被批評，被批評心裡總會不好受。為了避免引起對方的逆反心理，可以嘗試先讚揚後批評的方法，作為一個過渡，然後再轉入正題，使其能夠自然而然地接受。

是啊，連大人有時都覺得忠言逆耳呢，何況任性的小孩子！他們分不清什麼忠言、什麼壞話，如果你是真心為他考慮、為了他的成長，不妨多考慮一下他的接受能力，用和平的方式去勸誘、去教導，這樣才能讓孩子樂於接受、主動改正。

前蘇聯著名教育家馬卡連科曾經說過這樣的一句話：「用放大鏡看學生的優點，用縮小鏡看學生的缺點。」如果你要批評別人，最好先看到他的優點，充分肯定他的優點，然後再輕描淡寫地指出他的缺點、不足，這樣，他一定非常願意去改正。

另外，在批評別人之前，首先批評自己。把自己放到低處，讓別人認為其實自己和他們一樣都犯了錯誤，這樣一來，別人也容易接受。也不妨試試這樣的方法。既然連自己都批評了，被批評的人還有什麼好說的呢？

「哎呀，是我沒有好好叮囑你，要不然你也不會犯這樣的錯誤。」

「我一直太忙，沒有時間管你、照顧你，結果你的功課都退步了，都怪我。」

「這件事不能全怪你，也要怪我。如果當初好好跟你商量一下，也不至於走到今天這個地步。」

這樣的忠言，既達到了批評的作用，又不逆耳，自然能讓別人樂於接受，進而達到經由批評而改正錯誤的目的！

05 溫婉批評讓人更容易接受

生活中我們總難免會遭受別人的批評，也會向別人提醒他的缺點和不足。批評的確是使人更加成熟和完善的良方，是使人進步的階梯。假如視批評為別人對自己的諷刺、打擊，一聽就如坐針氈、暴跳如雷，則無論如何都無法進步。這就是批評的重要性。

然而，人的本性還是喜歡被讚揚而厭惡被批評，而做別人不喜歡的事卻還要和別人保持良好的關係是有難度的，沒有人喜歡被批評，每個人都會對批評進行本能的自我防衛。所以，批評的技巧就顯得非常重要，要指出別人的缺點，又讓人高興地接受，這就必須具備高超的口才技巧。應該學會在批評身上披上柔軟的外衣，用和風細雨的方式達到批評的目的。

1、把批評轉化為建議

用意非常明顯的批評總是讓人不愉快的。那麼，何不把批評轉化為一種建議呢？這樣既能避免對方的反感情緒，又能向對方傳達自己的善意。

・我覺得你可以把這份報告再加一些具體的數據進去，還有對這些數據的分析，這樣就更有說服力了，不是嗎？

・如果你能早完成兩天，就不會耽誤我們開會了。你說呢？

・如果你跟他說「能幫我一個忙嗎？」，而不是直接說「嘿，來幫個忙吧！」，他就會接受你的請求了。

2、旁敲側擊進行暗示

對一些自尊心較強的人，不適合直接批評，那就進行暗示批評，也就是不挑明事情的端倪，委婉地對對方的缺點、不足進行批評的方式。適時施用這種批評，常常能收到「潤物細無聲」的效果。

暗示性批評有益於保護他人的自尊心，運用得當，定能收到良好的效果。

3、把批評變成鼓勵

如果別人的不足和過失沒有那麼嚴重，就沒必要一本正經地進行批評，你可以把這種「指出缺點」的事，變成「鼓勵優點」的好事。

・怎麼搞的？你就不能再小心點嗎！——很好！你做得比以前進步多了！

・你寫的東西實在太糟糕了！——像你這樣的年輕人肯靜下心來好好鑽研文學真是難得！

・你又把菸灰到處亂彈！我都說你一百次了！——你有一次把菸灰倒進菸灰缸裡，我覺得那天我連桌子都不用擦了，好乾淨。繼續努力哦！

4、啟發引導

這種方法就是與需要批評的一方講道理、分析利弊。動之以情，曉之以理，循循善誘，使對方能從內心認識到自己的錯誤。

5、站在對方的立場

被批評的人在反駁批評的時候經常會說：「你站著說話不腰疼」，意思就是說：

「我的處境你沒有經歷過，所以你不會理解我的感受，換了你是我，你還不一定做得比我好呢。」

這是非常常見的心理。對此，我們可以讓自己設身處地站在對方的立場上來說話，這樣的批評顯得非常有人情味，讓人有被理解的感覺，也更容易接受批評。

・換成我是你，也會很生氣。不過，你知道吵架不能解決任何問題。你說呢？

・我理解你的感受，任何人處於那樣的狀態都不會理智的。但是你想過嗎……

・你的心情不好，我知道也理解，因為我也曾經犯過這樣的錯誤。可是，如果……

6、先批評後安慰

批評不能不顧時間、場合、對方的性格、心理，就直截了當、劈頭蓋臉、冷言冷語，這樣根本達不到批評的目的，甚至有人即使意識到自己的錯誤也會被你的態度激怒，強詞奪理，拂袖而去，弄得不歡而散。而批評之後再作安慰，就有如打一巴掌揉三揉，疼痛會減輕很多，對方難過的心情也會得到緩解。

你在這方面的確是犯了錯誤。當然，你也不要太往心裡去，上司批評你也是為了讓你把工作做得更好。你還年輕，剛出社會不久，很多事情經驗不夠，但是你很有潛力啊，只要改正錯誤，繼續努力，以後你一定會做得更加出色的！

06 幽默能為生活增色

「幽默是一種優美的、健康的品質。」正因如此，所以有人把幽默看作是一個人成熟的一種表現。我們今天的生活充滿陽光和歡笑，但不妨在緊張的勞作之餘，讓幽默充當精神上的「按摩師」，那時，生活將更富於樂趣。

幽默有助於人們形成良好、融洽的人際氛圍，良好的人際關係，又大有助於事業的成功。適當幽上一默，能緩解尷尬的氣氛，也能消除因陌生和地位差距等帶來的拘謹。

美研究人員曾就「事業成功之因素」對上萬人進行調查，其結果是，在影響個人事業成功的因素中，技術和智慧所佔比重為十五%；良好的人際關係則占比重的八十五%。因此，我們可以說幽默也是事業成功的催化劑。

美國有位警察局局長，因為轄區內的治安與交通非常差，心情非常低落。治安之所以這麼差，是因為這個轄區比較偏僻，許多地方很容易成為管理的死角；至於交通方面，由於當地是貨車公司的總站，許多大型貨車的司機每天都在公路上駕車奔馳，在過度疲勞的情況下，交通事故就不斷發生。

雖然局長很能體諒下屬的辛苦，也瞭解許多不得已的情況，但是上面的長官只看成績，不管其他因素，即使他再努力，仍然不被上層肯定，所以儘管年資已夠，仍然沒有陞遷的機會。就在治安與交通問題困擾局長的同時，州政府頒布了一道命令，將這一季定為交通安全季，為了配合這個主題，舉辦了一場交通安全競賽。

為了這件事，小鎮局長壓力頓時大增，每天一出家門便是滿臉愁容。

有一天，他心力交瘁地回到家裡，將帽子隨手一扔，便拿著啤酒苦悶地坐在沙發上。孩子和婆看見後也不敢吭聲，紛紛躲回房間裡。局長打開電視，電視正演出脫口秀，表演者說起話來不但妙趣橫生，而且字字珠璣，局長忍不住哈哈大笑，這一笑讓心頭的壓力釋放了不少。

看完脫口秀之後，局長躺在沙發上深思，忽然間，他的眼睛為之一亮，心中有了一個靈感。隔天，局長召集所有警察，開始積極地行動起來。

三個月很快過去了，州政府派人審查各鎮的交通情況，最重要的還是交通事故的發生率，然而，稽查人員審查的結果，卻讓大家都跌破眼鏡。沒想到記錄一向不好的小鎮，居然連一次車禍的記錄都沒有。

原來，局長想出了一個好點子，他把公路上的所有警告牌都換了，而新牌子上面則寫著：「請開慢一點，我們已經忙不過來了！殯儀館啟。」

這樣的告示生動活潑，具有鮮活的幽默感。局長經由這個幽默小語，對來往的司機進行了心理暗示，司機們看到這個幽默的提醒，不知不覺地把車速放慢，小心開車。沒有人喜歡被警告、被強迫，如果警告牌上寫著「超速，罰一萬」，不僅守法的人看了不舒服，那些超速者更是會變本加厲。

傑出的英國戲劇家蕭伯納一天在街頭被一個騎自行車的人撞倒，雖然沒有發生事故，但這一驚嚇也非同小可。那個人立即扶起他，並慌張地向他道歉。

然而，蕭伯納打斷了他，對他說：「不，先生，您比我更不幸。要是您再加點勁兒，那就可以作為撞死蕭伯納的好漢而永遠名垂史冊啦！」

蕭伯納的這句幽默話讓那位撞倒他的人頓時放下了包袱。良好的人際氛圍就形成了。

具有幽默感的人，往往是樂觀主義者，為人處世比較靈活，能比較容易地與周圍的人建立良好的人際關係。枯燥的會議因他在而談笑風生；朋友聚會因他在而紅火熱鬧；面對嚴肅的上司，他出語詼諧，鬆弛了上司拉長的面孔；面對拘謹的下屬，他妙語解頤，緩和其緊張的心情；參與緊張的談判，在激烈的討價還價之餘，他突然來了點兒幽默，交易馬上順利達成……這樣的人，有人會不喜歡嗎？

適當開個玩笑，給生活增添一道幽默和詼諧的色彩，交往會更愉快！

07 適當的幽默可以活躍氣氛

交往是一門藝術，如果只遵循條條框框，見了面不管是誰，一律只問工作、愛好，不僅讓人乏味，也會讓談話平平淡淡沒有亮點。如果你能夠適當加入幽默的元素，開個玩笑，讓彼此先開懷一笑，就會讓氣氛活躍起來，消除剛見面的尷尬，再接下去的交往也會順暢許多。跟陌生人交談尤其要如此。

幽默是活躍氣氛的法寶，和陌生人見面若能夠有分寸地、善意地開個玩笑，就有可能博得別人的好感，擺脫習慣、生疏的界限，享受到自由交談的輕鬆愉快。而且，用幽默詼諧的語言其實也能表達比較嚴肅的內容。

幽上一默之所以能消除陌生人之間的尷尬，就是因為在初次相見的時候，彼此都不瞭解，大家都在揣摩對方的心思：他是不是一個高傲的人？他會不會不喜歡跟我這樣的人交往？他眼光應該很高！這些猜測無形地給彼此之間加上了一道屏障，使得人們不敢與你接近。如果你能幽默地說句話，就會讓人有豁然開朗，給人以可親的感覺。放下架子，才能自由交流。

有些人感覺冷冷的，總是拒人於千里之外，他們不願與人交往，是因為過分局限於自己的世界，以為自己掌握了某些嚴肅的原則或者必須遵守某些交往的準則，固執而且可笑。

年輕的時候，宇弘曾做過一些傻事，例如，以為自己是內向型的，不能主動與別人打招呼，非要等別人先開口；以為自己永遠比別人高明，從來不會向別人道歉；甚至還遵循著流行的「酷」原則，不笑、不主動、不解釋、不呼朋引伴、說話永遠是簡潔明瞭、絕不多說一個字等等。

隨著社會閱歷的增長，現在回想那些行為，宇弘突然覺得這些所謂的做人原則非常好笑。酷，固然在電影裡是非常吸引人的因素，尤其在浪漫的愛情片裡，這種性格的主角總能引起別人的好奇心，激發別人探究的欲望。可是在現實中，這樣一個不愛說話、不愛與人往來、不愛主動的人，怎麼會有吸引力呢？誰有工夫或者說有耐心去費盡心機討好這樣一個人？

所謂的原則不過是自己給自己設下的圈套，是一種人為的障礙和限制，沒有任何意義，還有可能讓自己錯過千載難逢的機會，追悔莫及。例如，宇弘曾經在一次聚會上碰到了一個心儀的女孩，這對他這個王老五來說簡直是上天安排的緣分，可是他那時候腦子裡總是有個條框限制著他，他就是認為第一次認識女孩不應該急著問她的電話號碼，更不能約她出去，結果，在城市的茫茫人海中，他們再也沒有見面。

遵循那些所謂的交際準則，不僅會限制自己的行動，而且還有可能向對方發出錯誤的信息，讓別人誤以為你對他不感興趣。

如果你沒有微笑、主動攀談、發出邀請、表示好感、表達感情，別人就會根據他們自己所能看到的現象判斷：「哦，他可能對我毫不在乎。」當你這樣做的時候，你就在自己和別人之間築起了一道屏障，失去了很多本可以使生命更精彩和有價值的樂趣。這樣，豈不是讓人後悔不迭？

看到了吧？不會幽默的人往往都堅持著某些原則，放不下自我，以為主動說句話、開個小玩笑就會把自己的形象給毀了，將說話等普普通通的交流看成是嚴肅的事情，非得遵循什麼準則，這麼死板的人，誰願意與他們往來呢？

換句話說，想做一個善於交往的人，你首先得放下自己的架子，放下那些莫名其妙的嚴肅的規則，讓自己成為一個可親近的人，而幽默的話語就是拉近彼此距離的法寶。

開個玩笑還有助於製造輕鬆愉快的氣氛，讓對方感覺到你談話很直率、坦然，不讓對方感到拘謹。尤其是對那些比較害羞、不習慣於跟陌生人談話的人，你一定要設法使他放鬆。無傷大雅的玩笑會緩解陌生人之間由於生疏所帶來的壓力，也可以活躍氣氛，消除隔膜。

在社交場合，所有人都相敬如賓，會讓人覺得氣氛太過死板，大家的情緒太平淡，還不如吵吵鬧鬧更親熱。因此，若彼此談得開心，開句玩笑、互相攻擊幾句，互相取笑一下，打幾拳、拍兩下，反倒顯得親密無間，無拘無束，氣氛熱烈。你可以故作滑稽，或向對方暴露自己一點無傷大雅的小缺點。這樣別人會認為你真實可愛，富有親和力，你們的關係也會更進一步。

08 用微笑的方式來表達不滿

生活中，我們難免會遇到各種各樣讓我們不滿的事，有些是別人故意挑剔，有些是無事生非，有些是大大低於自己的預期，還有更多是我們預料不到的情形。幽默則是人際關係的潤滑劑，有時利用幽默表達一下對對方的不滿，笑一笑，這件事就算了，既表明了自己的立場，也維護了大家的關係，不至於傷和氣，不失為一種好方法。

有這樣一則小幽默：

在飯店，一位喜歡挑剔的女人點了一份煎雞蛋。她對女侍者說：「蛋白要全熟，不過蛋黃要全生，必須還能流動。不要用太多的油去煎，鹽要少放，加點胡椒。還有，一定要是一個鄉下快活的母雞所生的新鮮蛋。」

「請問一下，」女侍者微笑著說，「那母雞的名字叫阿珍，可合您的心意？」

在這則幽默段子中，女侍者就是使用了幽默提醒的技巧。面對愛挑剔的女顧客，女侍者沒有直接表達對對方所提苛刻要求的不滿，卻是按照對方的思路，提出一個更為荒唐可笑的問題提醒對方：妳的要求太過分了，我們無法滿足，進而幽默地表達了對這位女顧客的不滿。

有時候別人的言行不當，我們如果當面表達自己的不滿，一定會引起對方的反感，如果等到以後，選擇或設置一個適當的情景，向對方做出與之相似的言行，然後再稍加點撥，就可以委婉地使對方明白自己的意圖。例如，妻子坐在縫紉機旁做活，丈夫在一旁不停地發表意見：「慢點，小心點，妳的針已經斷了，把布向左拉，停一下……」

妻子生氣地說：「你幹嘛指揮來指揮去的？我自己會縫啦！」

「妳當然會。不過別忘了我在拖地時妳是怎麼教我的。」

在這裡，丈夫採用的就是設置情景的技巧，以此來告訴妻子我對你做的，你也曾經對我做過。當他擦地板時，妻子在一旁指指點點，儼然一副總指揮的架勢。丈夫沒有當即表達自己的不滿，而是在這之後抓住妻子做縫紉活的機會，設置一個與當時相似的情景，讓妻子也體驗一下受人驅使的感覺，巧妙地表達了對妻子好為人師的不滿。

生活中並不總是盡如人意，我們會遇到別人各種各樣的不滿，這個時候，像那個女侍者和這位丈夫一樣，用微笑和溫和的方式來處理，就能避免小事變成大事。更多的時候，我們自己也會有不滿，不滿別人的態度、不滿於環境、不滿於待遇，等等，這時候，我們也應該學會用微笑的方式來表達不滿。

有一個三十歲的女人長得還不錯，有一份工作，收入穩定，一天有個男人就問她：「妳條件這麼好，怎麼還沒結婚啊？」

那女人回答：「我小時候是田徑隊的，有一次受傷，腳底留了一個疤。」

那人不解：「腳底有一個疤，跟妳有沒有結婚有什麼關係呢？」

那女人回答：「對啊！那我結不結婚跟你有什麼關係？」

是啊，一個人結婚不結婚是自己的事情，何必要向別人交代？這樣的私事被提及，女人當然不高興。於是她轉了一個彎，把不相干的事情混在一起說，很巧妙地表達了自己對好事者的不滿和嘲諷！

有一戶人家，家裡水管漏水，請社區物業的人來修，可是等了一個多小時物業的人員才姍姍來遲。物業人員進了門，還懶洋洋地問：「現在什麼情況？」

女主人淡淡一笑，說：「還好，在你來之前，我的孩子已經學會游泳了。」這句幽默的話讓物業人員感到不好意思，趕緊修理了管道，並向他們道歉。

有一天，小趙精心打扮一番，開著一部車，很興奮地要去參加聯誼。他心裡想，我條件這麼好，想必是許多女孩心儀的對象。不料，安排的人卻分配了三個相貌不佳的女孩坐他的車。

小趙氣得一句話都不想說，苦著一張臉開車。一會兒其中一個女孩卻開口了：「帥哥，你心情不好啊？不然怎麼都不說話？」

小趙冷冷地回答：「你有看過垃圾車司機和垃圾說話的嗎？」

小趙的話雖然有些刻薄，但是他這種幽默和靈活的思維卻是一種把嚴肅的事化解為可笑的事的方法，也別有一番趣味。有時候，我們對某人某事感到無可奈何，有些反感，如果義正詞嚴地表達就顯得沒有度量，換一種幽默的方式，則會讓人會心一笑。其實用微笑和溫和的方式來表達不滿，外在看來是一個人和氣、好相處、有理有節，內在則是說明了這個人具有一顆包容之心，具有很好的涵養。

09 妙語連珠，化解尷尬

我們在日常生活中難免會遇到一些比較尷尬的場面。很多人面對尷尬場面的時候無計可施，要麼沉默寡言，要麼怒不可遏。很顯然，這都不是解決問題的好辦法。怎樣才能化解尷尬呢？那就需要一定的智慧了。如果在面臨尷尬的時候根據現場狀況巧說幾句妙語，就一定能順利地擺脫尷尬。

不小心遭遇尷尬時，不妨將錯就錯，順勢美言，本來尷尬的事，巧妙地用美好的意思來解釋，最終尷尬也會立刻消散。

有一次在一個慶功會上，有一個老將軍在與一個士兵碰杯的時候，那士兵由於緊張，舉杯時用力過猛，竟把一杯酒都潑到了老將軍的頭上，士兵當時就嚇壞了，可老將軍卻用手擦了擦頭頂的酒笑著說：「小伙子，你以為用酒能治好我的禿頂啊，我可沒聽說過這個藥方呀！」說得大家哈哈大笑。

看，多麼尷尬的事，只要幽默一把，氣氛就截然不同了。其中人們體會到的，則是幽默中豁達風趣的意味。

美國前總統雷根訪問加拿大，在一座城市發表演說。在演說過程中，有一群舉行反美示威的人不時打斷他的演說，明顯地顯示出反美情緒。雷根是作為客人到加拿大訪問的，作為加拿大的總理皮埃爾．特魯多對這種無理的舉動感到非常尷尬。面對這種困境，雷根反而面帶笑容地對他說：「這種情況在美國是經常發生的，我想這些人一定是特意從美國來到貴國的，可能他們想使我有一種賓至如歸的感覺。」

聽到這話，尷尬的特魯多禁不住笑了。

真正的高手總能運用自己的聰明才智，及時而巧妙地使自己由被動轉為主動，更使那些原本不妙的事變得別有情趣。

睿智妙語就是這樣的急中生智和靈活的思維，化解尷尬，破除敵意，緩和氣氛。這是一種大智慧，即申明立場，又不傷和氣。如果我們能多學學這種大智慧，就能在交往中做到「兵來將擋，水來土掩」，很好地保護自己，又維護人際關係，甚至還能只用三言兩語就令人折服！

10 自我解嘲顯大度

人人都喜歡和機智風趣、談吐幽默的人交往，而不願同動輒與人爭吵，或者鬱鬱寡歡、言語乏味的人來往。幽默，可以說是一塊磁鐵，吸引著大家；也可以說是一種潤滑劑，使煩惱變為歡暢，使痛苦變成愉快，將尷尬轉為融洽。幽默能體現說話者的風度、素養，使人在忍俊不禁、輕鬆活潑的氣氛中工作，並能提高工作效率。幽默是一種高深的說話藝術，那些幽默的人總能寓莊於諧、風趣幽默，從而贏得朋友的喜愛和敬重。幽默風趣的人，實在是我們生活中的一道最亮麗的風景。

自嘲和調侃自己常常被稱為是幽默的最高境界，因為它能體現出說者豁達自信的心態，否則缺乏自信，自嘲就成了自己罵自己。對自己的醜處、羞處不遮遮掩掩，而是把它們放大、誇張、剖析，自圓其說，反倒能博人一笑。

美國著名影星洛伊在八〇年代一直活躍在銀幕上，但她在晚年的時候卻日漸發胖。正因自己身體太胖，朋友多次邀請她一起去海邊戲水，她都不好意思去，也盡量找各種理由推辭。

在一次記者招待會上，一位娛樂記者偏偏就針對這個問題向洛伊提問：「洛伊女士，您是不是因為自己太胖，怕丟臉才不去海邊游泳的？」

洛伊想了一下，爽快地回答：「我是因為自己胖才不去游泳的，我怕我們的空軍駕駛員在天上看見我，以為他們又發現了一個新古巴。」

在場的人聽後，發出陣陣歡呼聲和笑聲，不由得鼓起掌來。

洛伊出語不凡，用自嘲的口吻、誇張的手法化解了尷尬，既沒有被記者牽著鼻子走，又很好地活躍了招待會的氣氛，同時還給大家留下了一個良好的印象，顯示出自己豁達的心胸和詼諧的人格魅力。

美國前總統林肯眼睛不大，臉又很長，可謂其貌不揚。在一次演講中，有個參議員突然站了起來，聲色俱厲地攻擊林肯是「兩面派」，說林肯總擺出兩副面孔。林肯沒有立刻反駁他，而是掃視了全場之後說：「請大家給評評理，如果我還有另外一副面孔的話，還會把這樣難看的面孔帶到會場上來嗎？」

全場立刻發出了讚許的笑聲和掌聲。

林肯用自己實在委屈的這樣一副面孔來委婉地否定了政敵所謂「兩面派」的指責，又幽默地化解了當時的尷尬，表現出一位政治家的大度和睿智。

面對自己的缺點，能夠換一種角度，努力尋找它好的一面，以幽默的方式來自圓其說，不也是一種豁達嗎？否則別人一提缺點就暴跳如雷、傷心上火，既失了風度，又顯得過於脆弱，沒有親和力，讓人難以接近。

俄國文學家契訶夫說過：「不懂得開玩笑的人，是沒有希望的人」。可見，生活中的每個人都應當學會幽默。不僅用幽默感來對人對事，也要用幽默的方式來對自己。自我解嘲，不僅能化解尷尬的場面，也能讓別人從一個新的角度來看待你，沒準兒你的短處、缺陷也正是別人欣賞你的可愛之處呢！

11 調侃顯風趣，生活不乏味

用過於嚴肅的態度生活，難免太沉重；人生不如意事十之八九，若總是唉聲歎氣，生活必然一片灰暗。如果換一種心態，調侃一下生活，就會顯得詼諧幽默、大度自然，每天都會很陽光、很光明，充滿希望和快樂。會調侃的人懂得如何給生活添加作料，受到不公平待遇也會泰然處之，即使心情鬱悶，也能透過開玩笑的方式給別人傳達某種信息。實質上這種人熱愛生活，大智若愚，充滿了人格魅力，現實生活中會得到眾多朋友的喜愛，因此成功的機會自然比一般人多。

在網絡上有人這樣調侃女人和男人：

「漂亮點吧，太惹眼，不漂亮吧，拿不出手；學問高了，沒人敢娶，學問低了，沒人要；活潑點吧，說招蜂引蝶，矜持點吧，說裝腔作勢；會打扮，說是妖精，不會打扮，說沒女人味；自己賺錢吧，男人望而卻步，男人養吧，說被包養；生孩子，怕被老闆炒魷魚，不生孩子，怕被老公炒魷魚。唉，這年月做女人真難，所以要對男人下手狠點。」

「帥點吧，太搶手，不帥吧，拿不出手；活潑點吧，說你太油，不出聲吧，說你太悶；穿西裝吧，說你太嚴肅，穿隨便一點吧，說你鄉巴佬；會賺錢吧，怕你包二奶，不賺錢吧，又怕孩子斷奶；結婚吧，怕自己後悔，不結婚吧，怕她後悔；要個孩子吧，怕沒錢養，不要孩子吧，怕老了沒人養。這年頭做女人難，做男人更難。男人，就要對自己好一點！」

這是典型的調侃，如果上升為哲學問題去思辨，肯定能找出不少的漏洞。但調侃終歸是調侃，有點道理、有點情趣，博人一笑，自己也想得開，就行了。

調侃無疑是一種情趣。善調侃的人一定豁達且幽默，雅致且可愛。

在日常生活中，各種複雜的情景如果都能用較強的應變能力，發揮即興口才調侃一下，閃爍敏銳的思維和智慧，則會增添不少趣味。

一個才子苦惱地說：「我不知道我將來會成為畫家還是詩人。」

「當然是畫家。」

「為什麼，你看過我的畫？」

「沒有，但是我讀過你的詩！」

這麼一句調侃，就巧妙地說出了自己的觀點，說者自無心，聽者也可含混一笑就算過去，但事後卻要反思一下自己的真正水平啦。

將調侃用在勸誡別人方面，使得規勸和提醒不再一板一眼，自然維護了別人的自尊心，也收到了良好的效果。

有時候，「篡改」一些膾炙人口的經典語句，讓人乍聽起來感覺熟悉，但是細聽才發現意思不同，也會起到很好的調侃效果。

一些經典名句、熟語、歌詞、廣告，等等，是這種借鑒式調侃的最佳原料，比如：

- 錢不是問題，問題是沒錢。
- 鑽石恆久遠，一顆就破產。
- 水能載舟，亦能煮粥。
- 一山不能容二虎，除非一公和一母。
- 這個世界本沒有路，走的人多了，有路也沒有用了。
- 醜媳婦遲早見上帝。
- 眾裡尋他千百度，驀然回首，那人卻在，結婚登記處。

適當調侃為平淡的語言和平淡的生活加入了調味品，使我們不再覺得時刻無聊。但調侃也不能過度，否則也會引發別人的懷疑，以為你是惡意拿人開涮，因此導致誤會，那就不妙了。調侃要看時間、地點、對象，說話要分輕重，這樣才能避免調侃過度引發不快，真正達到調侃一笑、增添趣味的目的。

進可攻，退可守：

不廢話，助你成功

第五章

縱橫職場的成功溝通法

01 職場不沉默，口才真功夫

不論是與人交往，還是求職面試、求人辦事、開創事業，處處離不開口才。如果一個人總是默不作聲或言語乏味，周圍的人必然不願意和他相處；而如果一個人經常妙語連珠、口吐蓮花，無形中就會吸引很多人圍繞在他身邊。

在西方，舌頭、金錢、原子彈已經被列為三大武器。因為與人打交道，必須要張口說話，而說話讓人喜歡還是讓人厭惡，關乎到事業是成功還是失敗。如果沒有一定的口語表達能力，人們就無法適應快速的信息時代。

我們已經不再相信「沉默是金」，也不再信奉什麼「君子敏於行而訥於言」，口才是一個人的思想、智慧、知識、見識、性格、氣質等綜合素質的反映。儘管人們常常免不了「以貌取人」，但現在更多時候還是「以言取人」。

人一張嘴說話，就暴露了他的修養和品質。例如，同樣是說話，同樣要表達一種意思，有的人會妙語連珠，而有的人卻詞不達意，這就是心智能力的差異。假如一個人其他方面的能力很優秀，但是卻總是無法確切地表達自己的見解，也是非常遺憾的事，甚至有時候會斷送自己的美好前途。

一九一六年，美國化驗學家路易斯在一篇論文中首次提出了「共價鍵」的電子理論。這個理論對於有機化學的發展具有重大意義。可是這個理論發表後，在美國化學界並未引起應有的反響。其中一個重要的原因就是路易斯不善言談，沒有公開發表演說，以宣傳自己的見解。

三年後，美國另一個著名化學家朗繆爾發現了路易斯的見解的可貴。於是，朗繆爾在有影響的美國化學會會志等刊物上發表演講，大力宣傳「共價鍵」。由於朗繆爾能言善辯，對「共價鍵」做了大量宣傳解釋工作，才使得這個理論被美國化學界承認和接受，一時間，美國化學界紛紛議論朗繆爾的「共價鍵」，而把這個理論的首創者路易斯的名字幾乎忘卻了，有人甚至把它稱作朗繆爾理論。這樣的結果，真是讓人替路易斯感到惋惜！

作為現代人，我們不僅要有新的思想和見解，還要在別人面前很好地表達出來；不僅要用自己的行為對社會作貢獻，還要用自己的語言去感染、說服別人。就職業而言，現代社會從事各行各業的人都需要口才：對政治家和外交家來說，口齒伶俐、能言善辯是基本的素質；商業工作者推銷商品、招徠顧客，企業家經營管理企業，這都需要口才。

在人們的日常交往中，口才出色的人能把平淡的話題講得非常吸引人，而口笨嘴拙的人就算他講的話題內容很好，人們聽起來也是索然無味。可見口才是多麼重要。

美國費城有一位年輕人為謀取職業，成天徘徊在費城的大街上，總幻想有哪位富人能發現他的「存在」，然而，不管他做出怎樣引人注目的舉動，都毫無結果。有一天，他突然記起歐．亨利的一句話：「在『存在』這個原味的麵團中加入一些『談話』的葡萄乾吧。」於是，他突然闖進著名富翁賈鮑爾．吉勃斯先生的辦公室，請求吉勃斯先生犧牲哪怕僅僅是一分鐘來見見他，並容許他講一、兩句話。而吉勃斯先生破例接見了他。起初，吉勃斯只想與他談一、兩句話就打發他走，沒想到兩人越談越投機，一直談了一個小時。結果，吉勃斯先生很快替這個窮愁潦倒的年輕人找到了一份工作。

求職過程，本質上是求職者與招聘者相互溝通的過程。雙方能否有效地溝通，決定著求職的成敗。能夠與人有效地溝通，是現代人職業素質的一個重要組成部分。因此，求職者要想求得理想的職位，並在社會中站穩腳跟，除了加強專業技能的學習外，還必須加強交際與口才方面的訓練，盡可能提高自己的溝通能力，以積累更多的人力資本，獲得更多的生存與發展空間。

美國醫藥學會的前會長大衛・奧門博士曾經說過，我們應該盡力培養出一種能力，讓別人能夠進入我們的腦海和心靈，能夠在別人面前、在人群當中、在大眾之前清晰地把自己的思想和意念傳遞給別人。在我們這樣努力去做而不斷進步時，便會發覺：真正的自我正在人們心目中塑造一種前所未有的形象，產生前所未有的震撼。

實際上，口才絕不是很多人所認為的那樣，只要耍耍嘴皮子，好像只是表面功夫。口才是一個人綜合能力的一種表現。一個善於表達的人，必是一個具有敏銳觀察力、能深刻認識事物的人，只有這樣，他說出來的話才能既生動又準確地反映事物的本質。此外，他還必須具有嚴密的思維能力，懂得分析、判斷和推理，使自己說出來的話有條有理，滴水不漏。有口才的人還一定具有流暢的表達能力、豐富的詞彙、淵博的知識等，否則言之無物怎麼能算有口才呢？正因為如此，有人說：口才是學識的標尺。

因此，千萬不要放棄口才，不要以為「是金子始終會發光」，有時候即使玻璃的光芒勝得過水晶，你也要告訴別人你是水晶而不是玻璃，他們才會注意你的價值。

02 做一次精彩的自我介紹

年輕人求職失敗，雖然有很大一部分原因是缺乏經驗，但口才絕對是起著關鍵作用的，因為面試當中要在有限的時間內互相瞭解，肯定需要語言表達。有的人很優秀，也有能力，可是因為口才欠缺，喪失了表現自己的機會；而有的人可能能力一般，卻因為能恰到好處地表現自己，獲得了來之不易的機會。據調查發現，求職者失敗的原因大都是因為求職者不善交際與言談，無法表現出自己良好的一面，結果被擋在成功的大門之外。

在一次針對人才市場隨機抽樣的調查結果顯示，求職成敗與交際能力密切相關。認為求職成敗與交際和口才能力「有關係」的佔了九十七%。

統計分析發現，認為自己「交際能力一般化」的為四十九%；認為自己「口才一般」的為五十三%，分別佔到被調查者的一半左右。當問及「平時與人交往有沒有障礙」時，五十%的被調查者說「有」。

而在這些人當中，三十%的回答者認為自己最大的交際障礙是心理上的，三十二%的回答者認為是「缺乏實際的交際技巧」，三十八%的回答者覺得自己「心理和技巧兩方面都存在障礙」。可見，求職者中相當一部分人對自己的交際與口才能力是不滿意的，甚至缺乏信心。所以，求職者急需補上交際與口才這一課。

進入職場，首先就要面臨面試。很多用人單位通常在面試時會讓你作自我介紹，希望透過你本人的敘述來進一步判斷你是不是他們所需要的人才。面試時的自我介紹，在很大程度上決定你是否獲得面試官的好印象。

自我介紹時首先應禮貌地作一個極簡短的開場白，並向所有的面試人員示意，如果面試官正在注意別的東西，可以稍微等一下，等他注意力轉過來後再開始。內容一般包括以下幾點。

一般情況——包括你的姓名、年齡、畢業院校、學歷等。

工作經歷——按時間順序陳述自己在不同的工作單位工作的大致情況，中間不要留有空白。

職業發展情況——這一部分是重點。將自己所從事工作的單位、內容時間、職務、效果、業績、評價都進行詳細說明，重點是講清楚能夠證明自己能力的事件和客觀結果，巧妙地說明自己的優點，用自己的價值打動用人單位。

1、符合邏輯，層次分明

自我介紹是一個比較空泛的話題，面試時很容易抓不住重點，乾巴巴地陳述。要想避免語無倫次，首先必須弄清以下三個問題：你過去是幹什麼的？你現在要做什麼？你將來要做什麼？用這樣的方法，以過去為證實，以現在為出發點，以將來為目標，使你的形象明顯。

2、突出優點和特長，使自己形象鮮活

內容的次序很重要，是否能抓住聽眾的注意力，全在於事件的編排方式。所以排在第一位的，應是你最想讓面試官記得的事情。而這些事情，一般都是你最得意之處。與此同時，可呈上一些有關的作品或記錄以增加印象分數。

一般來說，自我介紹要主題鮮明，直截了當，不要拖泥帶水，繞一大圈還說不到正題。假如招聘單位對人才的工作能力和工作經驗很重視，那麼你就要從自己的

工作能力和經驗出發作詳細的敘述。

3、用事實說話，不要空洞無物

不要總是說「我的業務能力很強」、「我和其他同事的關係非常融洽」、「我的成績是當時最好的」這類空泛的話，你必須用事實來證明，並加入一些具體的事例來說明。

4、認真專注，自信樂觀

在自我介紹時，眼睛千萬不要東張西望，四處游離，顯得漫不經心，這會給人做事隨便、注意力不集中的感覺，也會讓人感覺你不夠自信。眼睛最好要多注視面試官，但也不能長久注視、目不轉睛。再來就是盡量少加一些手的輔助動作，因為這畢竟不是在講演，保持一種得體的姿態也是很重要的。在自我介紹完後不要忘了道聲「謝謝」，有時這種小小的細節往往會影響面試官對你的印象。

自我介紹需要注意的問題很多，如果沒有把握，不妨在面試前先寫好草稿背下來，這樣在面試過程中就不會遺漏。

03 面試中容易出現的錯誤

在求職面試中，沒有人能保證不犯錯誤，但是聰明的求職者會不斷修正錯誤走向正確。然而，如果我們知道面試中常見的錯誤是什麼，知道如何避免犯錯誤，我們就會少走許多彎路。有時，面試中的錯誤常常是致命的錯誤，讓你如何彌補都來不及。

1、不善於打破沉默

很多面試者不怕被提問，但卻不善於主動和面試官交談，對方不說話，他也就不說話。有這樣一種情況，面試開始時，有的面試官並不說話，只用眼睛注視著對方，這其實是一種無聲的提問，他在等著應試者主動打破沉默。可是有些應試者卻以沉默對沉默，你不開口，我也不開口，結果面試出現冷場。

有的應試者雖然勉強打破沉默，可是詞不達意、語調生硬，反使場面更顯尷尬。這樣的錯誤是致命的，一個不善於打破沉默的人，會被認為是缺乏交際能力、缺乏自信的人，會被認為是一個很難相處的人。

面試過程中的交流應該是互動的，無論是面試前還是面試中，應試者都應善於尋找合適的話題打破沉默，這是一種自信的表現，也是一種能力。

2、缺少提問技巧

對於求職者來說，向面試官提問本就是一種推銷自己的方式，一個好的提問，會讓面試官刮目相看。可是有些應試者缺少發問的技巧，要麼問一些與工作無關的問題，要麼在不該提問時突然打斷面試官的話發問，要麼面試前沒有足夠的準備，輪到有提問機會時，張口結舌提不出問題。

也有一些人不分場合，不看時機，提出一些對方忌諱或不好回答的問題。例如，有求職者問面試官：「聽說貴公司經濟效益下降，具體原因是什麼？」這是一個可以在場外探討的問題，可是將它搬到面試時來講，顯然不合時宜。

還有一些人，在對方尚未明確表示是否錄用時，便提出薪酬問題，甚至錙銖必較，這就會令面試官感到反感。

3、開始就打探薪酬福利

有的應聘者還沒跟面試官聊幾句，就馬上很急切地談待遇薪酬，好像不是別人考他而是他考別人。

那種一開口就問「薪資報酬多少，福利待遇如何」的求職者會令面試官反感。求職者關心收入和待遇的心情是可以理解的，但八字未見一撇，一開口就討價還價，是不成熟的表現，求職畢竟不是談生意做買賣，「金錢第一」怎麼說也容易讓人產生反感。

工作還沒做就先提條件，非常浮躁。談論報酬待遇，無可厚非，只是要看時機，一般可在雙方已有初步意向時再委婉地提出。

4、卑躬屈膝，唯唯諾諾

有些人為了拿到面試官手裡的通行證，對面試官極盡阿諛奉承之能事，一見面就說盡好話，會顯得十分「老油條」，甚至對面試官提出的無理要求也都照單全收，不敢說一個不字。但不要以為這樣就會讓面試官對你另眼相看，公司是招人才，不是招奴才。奴才總是不討人喜歡的，而且還會讓人增加警惕性：這人會不會當面一套背後一套？

5、自命不凡，目中無人

在社會普遍浮躁的環境下，一些大學生，特別是一些來自明星大學的大學生，端著一副「天之驕子」的架子，眼高手低，有時連面試官都不放在眼裡。這樣的人只會讓面試官討厭。

6、不懂裝懂，錯了就慌

在面試過程中碰到不懂問題，硬著頭皮胡亂說一通，掩飾自己的無知，這是下策，因為資深的主考官很可能繼續追問下去，應聘者亂說只會出洋相，主考官即使不追問，也可能心中有數。還有些應聘者企圖迴避問題，東拉西扯講別的事情混過去，這也是非常不明智的。

最明智的應對措施是坦白承認：「我不懂」、「對於這個問題，我還認識不夠，看來今後得加強這方面知識的學習。」沒有人全知全能，什麼都精通，你態度誠懇，反而會博得主考官的好感。有時候在面試過程中，主考官提出的問題，應聘者不明白他想問什麼。如果是沒有聽清楚，可以請求對方重複一次。

7、缺乏主見和自信

很多求職者根本沒有明確的職業發展計劃，不過是為了生存想盡快找到工作。這種人的口頭禪是：「你們想招什麼人，我就做什麼事，我什麼事都會做。」曾經有面試官問一求職者：「未來五年，您對自己的職業發展有怎樣的計劃？」求職者聽了，發了半天愣，然後囁嚅著說：「哦，還沒有考慮，其實現在也不是很清楚……」面試官馬上在他的名字後面打了一個叉。一個沒有目標的人很難有責任感和進取心，被面試官淘汰是情理之中的事。

還有的求職者總是先衡量用人單位的招聘人數和條件，而對自己的能力卻不能信任。張口就問：「你們準備招幾個人？」這種問法顯得求職者信心不足。對用人單位來講，招一個是招，招十個也是招，問題不在於招幾個，而是你有沒有這獨一無二的實力和競爭力。

8、慷慨陳詞，卻言之無物

有的應聘者大談個人成就、特長、技能，激情澎湃、慷慨陳詞，雖然悅耳，可是壓去了語言的水分後會發現言之無物。推銷自己不在於辭藻如何華麗，而是在於有證明自己能力的事實。

04 如何贏得同事與上司的好感

職場中，主動地去跟別人溝通極為重要，每個人都應該學會把自己的想法坦率地和上級交流，以獲得反饋和解決。

卡特是美國金融界的知名人士。他初入金融界時，他的一些同學已在業內擔任高職，也就是說他們已經成為老闆的心腹。當卡特向他們尋求建議時，他們教給卡特一個最重要的祕訣：一定要積極地與上司溝通。

現實生活中，許多職員對上司有生疏及恐懼感。他們在上司面前噤若寒蟬，甚至就連工作中的述職，也盡量不與上司見面，或託同事代為轉述，或只用書面形式作工作報告。他們認為，這樣可以免受上司當面責難的難堪。

然而，人與人之間的好感是要透過實際接觸和語言溝通才能建立起來的。一個默默無聞、不露面的人，很難獲得上級的賞識，也很難在職場中取得成就。只有主動跟上司作面對面的接觸，讓自己真實地展現在上司面前，才能讓上司認識到自己的工作才能，才會有被賞識的機會，才可能得到提升。

1、主動反饋

如果職員經常自己單槍匹馬，自己決斷，從來不問上司，上司無法掌握你的工作進度，甚至有時會懷疑你根本沒有能力完成工作，這樣一來，你在上司心目中的地位就會下降。而主動反饋就不一樣了，如果你每隔一段時間都向上級匯報工作的進展情況，或者提出一些建議，或者尋求老闆的支持和意見，那麼老闆會非常清晰地知道工作的進展，也更容易制定公司的戰略，同時也能監督和檢查你的工作成果。這對你和整個工作團隊都是非常有益的。

所以一定要養成這樣的好習慣，就是對工作進度要主動報告，以便讓上司知道你在什麼地方，你做到什麼程度，一旦有了偏差還來得及糾正。帶著問題向上司匯報工作，同時附帶上一個可能的解決方案，這其實是一個讓你在上司面前展示能力的機會。

2、主動瞭解上級對自己的評價

一個替人割草的男孩出價五美元，請他的朋友幫他打電話給一位老太太。電話撥通後，男孩的朋友問道：「您需不需要割草？」

老太太回答說：「不需要了，我已經有了割草工。」

男孩的朋友又說：「我會幫您拔掉花叢中的雜草。」

老太太回答：「我的割草工已經做了。」

男孩的朋友再說：「我會幫您把走道四周的草割齊。」

老太太回答：「我請的那個割草工也已經做了，他做得很好。謝謝你，我不需要新的割草工。」

男孩的朋友便掛了電話，接著不解地問割草的男孩：「你不是就在老太太那兒割草打工嗎？為什麼還要打這個電話？」

割草男孩說：「我只是想知道老太太對我工作的評價。」

這個故事告訴我們：主動瞭解上級對自己的評價，你才有可能知道上級對自己有何種認識，才能夠瞭解自己的處境。

3、隨時交流，氣氛輕鬆

為了增加自己的親切感，同時增進相互的瞭解，每個職員都應該找到恰當的溝通方式，而這並不需要有專門的場所、專門的地點和專門的時間特意地進行，只要有心，隨時隨地都可以。

與老闆交流不一定非要在他的辦公室，更不是非要到會議室去。相反的，在老闆的辦公室和會議室與他溝通效果最差，因為那裡氣氛太嚴肅了。有時候簡單的溝通可以在下班的途中、中午的休息室、辦公樓的電梯間、停車場等地方進行，這時老闆的決策會更快，氣氛也更加自然輕鬆，他會說：「好吧，就這麼辦。」否則到老闆辦公室談的話，肯定要講上半個鐘頭。

福特汽車企業北美市場部長理查．芬斯特梅契常常對他的同事說：「我辦公室的房門永遠是開著的，如果你經過時看到我在位置上，即便你只是想打個招呼，也隨時歡迎你進來。如果你想告訴我一個點子，更歡迎你！千萬不要以為要經過祕書通知才可以跟我說話。」這樣做，可以增加一種親和力，讓別人願意接近你，樂意與你交談。

4、上下級經常接觸

如果你是一位公司領導人，應經常下來和普通員工在一起工作，觀看他們的工作狀態，這樣一來，員工對你會更熟悉，也會認為你非常親切，同時你自己也能夠瞭解到員工平時工作的最真實狀態，瞭解他們的各種需要。溝通講得簡單一點，就是人與人的接觸，如果因為身分高貴就每天窩在辦公室裡聽匯報，哪裡算是溝通呢？

玫琳．凱公司曾在世界五百大企業中排名八十二位，這跟玫琳．凱具有親和力的管理方式是密切相關的。玫琳．凱每年會好幾次邀請她的僱員到家裡喝茶，而且幾乎所有為她工作的人都認為自己瞭解她。他們說：「有的人要是像她那樣與你傾心交談，你就不會有神祕感了。」她的名字在她的員工心目中一直保留著鼓舞人心的力量，她的公司之所以有這種令許多管理者都羨慕的成績，正是因為她平易近人、經常接觸下屬的緣故。

一般企業老總或經理人級別較高，而且大多有獨立的辦公室，所以下屬一般不會知道他們在忙什麼、想什麼。上級的痛苦下屬未必瞭解，下屬在做什麼上級也不見得知道，這就是溝通出現了斷層：上級總覺得下屬陌生，不體諒自己；而下屬又覺得上司高高在上，沒有親切感。雙方誰也不理解誰，問題就產生了。

5、說話留有餘地

一般來說，上司都不太喜歡平庸無能的部下。所以讓你的上司知道你的工作能力、真才實學就顯得非常重要。

要取得上司對你的信任，最重要的一點就是不要輕易對上司許諾。當上司交給你某一項任務時，這件事你還沒有做，你自己也不知道能否在規定的時間內完成，如果你滿口答應說「一定完成」，而最終又沒有實現，那麼上司對你的信任感就會減弱，因為人們總是信奉「一諾千金」的。但是如果你回答說：「好的，我盡力完成。」然後你趕緊設法去辦，那麼即使你不能按時完成，上司自然也就不以為忤了。

當我們對某項工作沒有絕對的把握時，千萬不要輕易向上司許諾；而一旦向上司作了保證，就一定要盡一切努力去向上司兌現你的諾言。

05 向上司提意見的技巧

有人把對上級提意見稱為「虎口拔牙」。的確，上司即使再優秀，也肯定有工作做得不周到、不到位的地方。作為下屬，明明知道上司有缺點，可是礙於人家身分地位比自己高，不知道該如何開口。畢竟，上司位高權重，自尊心也就更強，小小的職員要是挑他毛病，不知道上司能不能接受，於是即使想給上司提意見，也難以開口，最後不了了之。可是工作的問題，不能熟視無睹啊，這時候該怎麼辦？

有一次，拿破侖自得地對他的祕書說：「布里昂，你也將永垂不朽了。」布里昂迷惑不解。拿破侖進一步說道：「你不是我的祕書嗎？」意思是說布里昂可以沾他的光而揚名於世。

布里昂是一個很有自尊心的人，他不願接受這子虛烏有的「恩惠」，但又不便直接加以反駁，於是他反問道：「請問亞歷山大的祕書是誰？」拿破侖答不上來，這才意識到自己太過傲慢，於是反而為他喝彩：「問得好！」

在這裡，布里昂就巧妙地暗示了拿破侖：亞歷山大名垂青史，但他的祕書卻不為人所知，那麼，拿破侖的名氣再大，也不會讓他的祕書揚名於世了。這巧妙的暗示，使拿破侖明白了自己的失言，又維護了雙方的自尊。這樣機智的部下，肯定會得到上司的信賴和欣賞。試想，如果布里昂唯唯諾諾地盲從，結果又會如何呢？由此可以看出，向上司提意見，一定要注意技巧。

1、態度謙虛，言辭懇切

意見的內容沒問題了，還要注意提意見的態度。向上司提意見本非壞事，但如果過於熱心、驕傲，認為自己的意見多麼多麼中肯，比老闆還要高明，那麼上司必定會認準你是個麻煩製造者，心理上就會排斥你這種不謙虛、到處張揚的下屬，而不會接受你的意見。

「企望往高處爬的人，應該踩著謙虛的梯子。」這是莎士比亞的名言。想要自己提出的意見得到上司的尊重和認可，最好把這句話牢記心頭。

2、站在上司的立場

提意見時一定要設身處地地站在上司的立場，不僅要提出意見，更重要的是要提出解決問題的方案，這樣才能贏得上司的信任和賞識。

和上司站在同樣的立場上，的確不失為向上司提意見的上等策略。首先，它沒有排斥上司的觀點，而是站在上司的立場上，最終是為了維護上司的權威，出發點是善意良性的；其次，這種策略是一種溫和的方式，能夠充分照顧上司的自尊，易於被上司接受，效率較高；另外，它需要很強的綜合能力，需要很高的社會修養，並非輕易能夠針對不同情況，不斷提出有效率的意見，久而久之，自己個人的領導能力亦會不斷增長，甚至來一個飛速提升。

3、給上司留有面子

在向上司提出意見時，所提的必須是積極的、有建設性的意見，應切忌不負責任的空談。另外，在提出意見時，不要有損於上司的尊嚴，不能讓上司「下不了臺」，或表現得比上司還要精明。同時，不要強調自我的私欲，不要讓你的上司認為：這傢伙只是為了自己的私欲，才提出這個意見。

其實，一般有能力的上司應該都會很積極地採納他認為可行的意見。只要方法正確、態度懇切，上司不會為難你。所以，也不要認為有意見提出來也沒用，反正上司不會採納，覺得提意見是自找麻煩，因此逃避提出意見，這只能說明你是一個缺乏勇氣的人。這樣的人難以得到上司的信任和好感，事業上也難以有所建樹。

4、講話不要故作神祕

站在角落裡講話會讓人家感覺到你們有祕密，讓別人產生一種「他們不懷好意，把我排斥在外」的心理暗示。

有一次，一個總經理到下屬部門去檢查工作。一個主管跟他說：「能不能借一步說話？」似乎有什麼不好說的祕密需要探討。總經理馬上就暗示他說：「小王，我們都是主管，到角落講話，人家就會認為我們在談祕密。」

很多公司設計辦公室，隔間那個不透明的部分大概只有桌子那麼高，上面的部分全部是透明的，這樣做的意思不是防止員工睡覺，而是為了讓大家不要有隔閡、相互封閉。

一壓低聲音人家就會感覺到有祕密，因此猜測。有人講話講到重點的時候，突然聲音會很小，有的還故意用手遮一下，這都是暗示別人，我們正在談祕密，我們是有關係的，我們有派系，無形之中造成在公司中拉幫結伙的感覺。所以，不僅與同事之間，與上司交流也是如此，有事大大方方說，千萬別給人造成背地打小報告的誤會。

職場中上與下之間的溝通可說是頻頻發生，只有掌握好跟上司說話的技巧，才能保證順利地將意見、成果、問題等匯報給上級，保證「上傳」管道的暢通。同樣的，「下達」管道的暢通，也需要上級們多多注意說話的方式，會說話的領導者才會受到下屬的愛戴。

06 好上司的高明說話術

身分不同，說話自然有所差別。關於有些上司的語言習慣，網路上有句諷刺的順口溜：「表決心豪言壯語，拍上級甜言蜜語，訓下級惡言惡語，講成績千言萬語，出問題不言不語。」別笑，很多人就是這樣在職場中混日子的。當然，你若有決心做一個優秀的職場人士，還是要修練修練自己的語言。

據不完全統計，一位老闆早上從睡夢中醒來到晚上再次入睡，一天之中平均要說三千八百句話。如果每一句話都像這般有道理、有說服力，將會產生多大的經濟價值。但事實上，並非每位老闆的口才都值得我們恭維，有的老闆講起話來看似滔滔江水連綿不絕，聽者卻沒有什麼反應。有的老闆言語貧乏，一到重要場合就立刻臉紅脖粗、手足無措。只有優秀老闆才會運用魅力口才，有效地籠絡下屬，樹立自己不可動搖的威信。

要做一個高明、有人緣、口才好的上司，不妨從以下幾個方面下手。

1、分配任務時，把「你們」改成「我們」

一位上司對他的下屬說：「你們必須馬上進入狀況，處理這個問題。」大家很不情願地分頭行動去了。而另一位上司表達同樣的意思卻這樣說：「我需要大家盡快進入狀態，我一個人沒有辦法處理好。但只要我們齊心協力，就一定能扭轉局面。大家說呢？」大家感到上司和自己是一起的，於是鼓足了幹勁。

只要有一點小小的改變，這個信息的意義和影響就大不相同了。「我們」這個字眼，包括了領導者與所有面對這個問題的人，而「我一個人沒辦法處理好」這樣袒露心聲的說法，使領導者更加人性化，讓下屬產生共鳴，充滿理解。

2、把「我不同意」換成「你再想想怎麼做會更好」

直白地表示不同意會讓人很難接受，如果不明確表態，而只是提醒對方是不是有更好的辦法，對方也會心領神會，覺得還有提升的空間，所以不會傷及自尊。

3、把模糊的計劃，具體到每個人的利益上

說「我已經擬訂了一個計劃，這個計劃能幫助我們取得更好的業績」不如說「我發現了一個對我們大家都有利的機會，在建立高績效組織的工作中，我們也許可以成為一個先鋒團隊，每個人的能力都會得到展示，我想我們大家都會珍惜這樣的機會。」

每個員工都有讓自己每天早晨感到振奮的目標，如果上司表達出了一個目標，讓下屬明白自己將有什麼樣的表現，大家就會齊心協力達成這個目標。

無論是企業老闆還是經理人，在說話的時候都要學會一點小小的技巧，否則即使你有良好的溝通動機和目的，也還是會因為沒能注意細節上的處理，而造成相反的結果。

4、保持平等的姿態

企業老闆或經理人同下屬說話時，要力求避免採取自鳴得意、命令、訓斥、使役下屬的口吻說話，而是要放下架子，以平易近人的方式對待下屬，最好不要作否定的表態，擺出威嚴：「你們是怎麼搞的？有你們這樣做事的嗎？」否則會令下屬

產生反感。談話是雙邊活動，只有感情上的貫通，才談得上訊息的交流。

5、要想讓人服，先得讓人言

俗話說：「要想人服，先讓人言」。縱使說服的理由有一百條，也別忘了讓下屬先說完自己的看法，不要連聽都不聽，不聽等於取消別人的發言權，是不信任他人的最直接表現。不管自己多麼正確，都要讓對方把話說清楚，然後再去要求下屬換位思考解決問題，讓他處在自己的位置上看如何解決。如果他設身處地去想，很可能兩人能取得一致的意見。

6、對下屬一視同仁

美國前總統羅斯福曾經講過他母親給他的一個教導：「等到你成為一個領袖的時候，你就會覺得公正的可貴。」作為一個領導者，絕對不能對下屬說他比誰更好。無論總經理、副總經理，還是部門經理，要把自己擺在圓心的位置，讓其他的人統統在圓周上面，保持等距離。

如果上司能夠事先瞭解對方的個性，溝通起來就會容易很多。對於你而言，下屬固然是自己的員工，但他首先是一個人。作為一個人，他有他的性格、愛好，也有他的語言習慣等。如有些下屬性格爽快、乾脆，有些下屬則沉默寡言，事事多加思考。如果你對他們瞭解得很清楚，就會拿捏好分寸。不要認為這是「迎合」，這正是運用心理學的一種學問。

7、以身作則，樹立權威

權力和威信並不是一回事。權力是既定的、外在的、帶有強制性的；而威信則是來自下屬的一種自覺傾向。你可以強制下屬承認你的權力，但卻無法強制下屬承認你的威信。那麼，上司的威信從何而來呢？

一八七〇年三月十七號夜晚，法國最漂亮的郵船之一「諾曼第」號，載著船員和乘客在從南安普敦到格恩西島的航線上行駛。凌晨四點，它被全速行駛的重載大輪船「瑪麗」號在側舷上撞了個大窟窿，迅速下沉。頓時，人們驚慌失措地擁向甲板。這時，船長哈爾威鎮靜地站在指揮臺上說：「全體安靜，注意聽命令！把救生艇放下去，婦女先走，其他乘客跟上，船員斷後，必須把六十人救出去！」船長威嚴的聲音，穩定了人們的情緒。

當大副報告「再有二十分鐘船將沉沒海底」時，他說：「夠了！」並再一次命令，「哪個男人敢搶在女人的前面，就開槍打死他！」於是，沒有一個男人搶在女人前面，更沒有一個人趁火打劫，一切都進行得井然有序。因為船長把自己的生死置之度外，全力完成了救助工作。之後，他隨船沉入了大海……

很顯然，在生死關頭，人們是不大會服從船長的「權力」的，而正是船長的「威信」使局面得以控制，這就是「權力」所無法比擬的「威信」的力量。

要樹立自己的威信，真正讓下屬心服口服，一個就是要有足夠的實力控制局面，一個就是要有高尚的人格，足以使下屬信任和欣賞。一位實業家曾經這樣說：「權威是從內部自然產生出來的，從一個人內在的實力和人格中自然滲透出來的。」如果作為上司，對自己的個人利益斤斤計較，不敢承擔責任，就不會有任何威信可言。

8、豁達大度，幽默詼諧

作為上司，還必須有寬宏的度量。俗話說：「人上一百，形形色色」。在你的下屬中，可能有各種各樣性格的人，每個人的處世方式、工作能力都不相同，這就需要你有寬宏的度量。水至清則無魚，如果總是對別人挑三揀四，就無法獲得友誼。

成功的上司總是豁達大度，絕不會因下屬的禮貌不周或偶有冒犯而濫用權力，這樣才更能贏得下屬的擁戴。

北宋文學家石曼卿有一次遊極寧寺，他的馬伕一時疏忽讓馬受驚，他便一下子從馬上摔了下來。人們都以為他一定會責罵他的馬伕了，誰知他一邊拍著身上的塵土，一邊笑著對馬伕說：「虧得我是石學士，若是瓦學士，不就被你摔碎了！」一句話，充滿親和力，充滿豁達。這樣的上司自然討人喜歡。

下屬偶爾冒犯上司，往往事出意外，並非出於故意。如果你馬上「尊顏大怒」，不僅讓當事人下不了臺，你自己也會給人留下沒有涵養、蠻橫粗野的印象；而大度地寬恕下屬，則既可解除當事人的尷尬，也會增加下屬對你的敬佩，融洽你們之間的關係。

07 在辦公室說話要掌握的分寸

在辦公室裡每天都和同事們相處，我們和同事見面交往的時間甚至比和家人在一起的時間還多。不過，同事和朋友不同，朋友關係牢靠，互相熟知，即使說話過分了些，一般也不會計較；而同事之間因為工作關係多於友誼，並且或多或少有一些利益關係，顯得就更加微妙。

才幹加上努力固然很重要，但懂得在關鍵時刻說適當的話，那也是成功與否的決定性因素。

與同事相處，話太少不行，少言寡語會顯得不合群，不善交往，久而久之會被大家孤立；然而話太多也不好，容易讓人反感，讓人覺得輕浮、不穩重，甚至可能落個「烏鴉嘴」的名聲。所以，和同事說話要講究一些分寸。

1、說話謙虛和氣

無論什麼場合都要與人為善，辦公室當然也是如此。說話態度要和氣、親切，即使你是有一定級別的管理者，也不能用命令的口吻和人說話，畢竟大家都在同一間辦公室上班，年齡也相差不大，如果非整得等級森嚴，大家就沒辦法相處了。

有時候大家的意見不統一，可以有話好說，沒有必要為了無關是非原則的問題爭論個你死我活，傷了彼此的感情。如果你有辯才可以發揮在別處，例如客戶身上，不要為了一時逞強好勝就只講理不講情，讓同事們敬而遠之。

2、上司傳喚時迅速回答

冷靜、迅速地作出回答，會讓上司認為你是講效率、聽話的好部屬；相反，猶豫不決的態度只會惹得上司不快。

有時候即使你可能沒有能力完成任務，也不妨當即實話實說，那麼上司也會給予理解，說不定還會派一個人來幫助你。否則你拖拖拉拉，反倒讓自己顯得能力不足。

3、時刻表現出團隊精神

如果某某想出了一條絕妙好計，贏得上司的讚賞，這時你覺得自己的能力相形見絀，地位受到威脅。此時，與其拉長臉孔、暗自不高興，不如在上司面前說出你對這個團隊中有人這麼優秀的由衷自豪。在這個人人都想爭著出頭的社會裡，一個不嫉妒同事的部屬，會讓上司覺得此人本性純良、富有團隊精神，因而另眼看待。

4、時常讚美同事的能力

可能會有些棘手的工作，你無法獨自去完成，非得找人幫忙。那就不妨在同事面前示弱，告訴他你是真的需要他幫忙不可。讚美他的能力，讓他覺得沒有他你就不行，這樣他就會樂於幫助你。

即使不需要幫忙的時候，平時也要多留意同事的優點，適時的時候對他進行讚美，贏得他的好感，這樣你們的關係會越來越融洽。

5、勿斤斤計較

有一些人與同事相處得不好，是因為過於計較自己的利益，老是爭取種種的「好處」，甚至是沒有什麼好處的事也偏要斤斤計較，時間長了難免惹起同事們的反感，無法得到大家的尊重。大方相處少打算盤，大事不糊塗就好，小事上最好別太計較。如果事事都精打細算絕不吃虧，這樣的「能人」有誰還敢與之為伍？和同事相處最忌諱斤斤計較，何必為一點小損失而耿耿於懷，甚至撕破臉理論毀了同事關係？

6、不要和上司辯解

在工作中，由於各種各樣的原因，不可避免地會出現一些失誤。這時就要面臨上司的批評，有的人在受批評時喜歡辯解，其實這樣做一點用處也沒有，因為不論何種原因，駁上司的面子都會冒風險。這時辯解不僅於事無補，反而會傷害上司的自尊，使你與上司的關係越鬧越僵。

即使你有充分的理由，也不要辯解，只要低頭說「對不起」，表示歉意。這樣，上司才會覺得他批評得有意義，而你的謙虛與誠懇也將給他留下深刻的印象，增加他對你的好感。

7、流言止於智者

單位裡散佈傳言的「大嘴巴」自然不受人歡迎，但如果這種中傷偏偏落到自己頭上該怎麼辦？千萬不要動不動就暴跳如雷，這樣解決不了問題，反倒會讓關係破裂無法彌補。

面對傳言冷靜坦然的態度會使你更受到同事的歡迎。如果有人向你傳播流言、說同事的壞話等，你也應當理所當然地制止。「流言止於智者」，傳言猶如破壞同事關係的毒藥，聽到後，理當避免「二次傳播」，同事也會因此而感激你。

8、巧妙躲避你不願意透露的事

有時候同事之間或許會流傳一些小道消息，例如某某要升職了，某某要被開除了，或者獎金要發下來了，要漲薪資了等等。這時候如果你恰巧因為做了某個職位或者知道了這些消息的具體內幕，別人向你打聽，你最好不要全盤托出，畢竟事情還沒有真正發生，若你自行透露，總會有人失望有人得意，兩頭不好做。所以你大可以直接說「不知道」，或者拿出一些令人信服的理由說：「哦？我不知道啊，這幾天也沒見到老闆。」

上司問了你某個與業務有關的問題，而你不知該如何作答時，千萬不可以說「不知道」，而是要說「讓我再考慮一下，下午三點之前回覆好嗎？」，這不僅可以暫時為你解圍，還會讓上司認為你在這件事情上很用心。不過，事後可得做足功課，按時交出你的答覆。

9、開點無傷大雅的玩笑

在辦公室開玩笑有助於活躍氣氛，增加彼此之間的感情，也使同事們在緊張的工作後得到一些輕鬆。

職場的壓力帶來焦慮、心悸、失眠等「上班綜合症」，同事之間相互調侃、開開玩笑，也許是放鬆自己、改善同事關係的一劑良藥，但是在辦公室這個「無風還起三尺浪」的地方，開玩笑可不是鬧著玩的事，弄不好玩笑成了「完笑」。有調查顯示，辦公室玩笑是人際關係的潤滑劑，也是惹禍上身的導火線，開不開還得要因人而異，因境而異。

所以，開玩笑一定要把握好分寸，畢竟辦公室是公共場所，同事之間的關係也不如朋友那般親密無間。哪怕最輕鬆的玩笑，也要注意掌握分寸：不要開上司的玩笑；不要拿同事的缺點和工作不足來開玩笑；不要和異性開過分的玩笑；不要沒完沒了地開玩笑；不要把玩笑當成了捉弄。

謝謝您購買 進可攻，退可守：不廢話，助你成功 這本書！

即日起，詳細填寫本卡各欄，對折免貼郵票寄回，我們每月將抽出一百名回函讀者寄出精美禮物，並享有生日當月購書優惠！

想知道更多更即時的消息，歡迎加入"永續圖書粉絲團"

您也可以利用以下傳真或是掃描圖檔寄回本公司信箱，謝謝。

傳真電話：（02）8647-3660　　信箱：yungjiuh@ms45.hinet.net

☺ 姓名：＿＿＿＿＿＿＿＿　□男　□女　　□單身　□已婚

☺ 生日：＿＿＿＿＿＿＿＿　□非會員　　□已是會員

☺ E-Mail：＿＿＿＿＿＿＿＿　電話：（　）＿＿＿＿＿＿

☺ 地址：＿＿＿＿＿＿＿＿＿＿＿＿＿＿＿＿

☺ 學歷：□高中及以下　□專科或大學　□研究所以上　□其他＿＿＿

☺ 職業：□學生　□資訊　□製造　□行銷　□服務　□金融

□傳播　□公教　□軍警　□自由　□家管　□其他＿＿＿

☺ 您購買此書的原因：□書名　□作者　□內容　□封面　□其他＿＿＿

☺ 您購買此書地點：＿＿＿＿＿＿＿＿　金額：＿＿＿＿＿

☺ 建議改進：□內容　□封面　□版面設計　□其他＿＿＿

您的建議：＿＿＿＿＿＿＿＿＿＿＿＿＿＿＿＿

廣告回信
基隆郵局登記證
基隆廣字第57號

新北市汐止區大同路三段一九四號九樓之一

大拓文化事業有限公司收

請沿此虛線對折免貼郵票，以膠帶黏貼後寄回，謝謝！